“十四五”时期国家重点出版物出版专项规划项目

国宏智库丛书（2021）

建设高标准市场体系

——迈向新时代中国特色社会主义市场经济之路

JIANSHE GAOBIAOZHUN SHICHANG TIXI

——MAIXIANG XINSHIDAI ZHONGGUO TESE SHEHUIZHUYI SHICHANG JINGJI ZHI LU

刘泉红　等著

中国计划出版社

北　京

图书在版编目（CIP）数据

建设高标准市场体系 ：迈向新时代中国特色社会主义市场经济之路 / 刘泉红等著. -- 北京 ：中国计划出版社，2022.2
（国宏智库丛书. 2021）
ISBN 978-7-5182-1396-2

Ⅰ. ①建… Ⅱ. ①刘… Ⅲ. ①中国经济－社会主义市场经济－研究 Ⅳ. ①F123.9

中国版本图书馆CIP数据核字(2021)第276783号

责任编辑：赵超霖　常欣悦　　封面设计：锋尚设计
责任校对：杨奇志　谭佳艺　　责任印制：赵文斌　李　晨

中国计划出版社出版发行
网址：www.jhpress.com
地址：北京市西城区木樨地北里甲 11 号国宏大厦 C 座 3 层
邮政编码：100038　电话：(010) 63906433（发行部）
北京虎彩文化传播有限公司印刷

787mm×1092mm　1/16　15.75 印张　209 千字
2022 年 2 月第 1 版　2022 年 2 月第 1 次印刷

定价：65.00 元

总 序

自 1999 年以来，我院每年都从课题研究中，选出一些社会各界较为关注的优秀成果，结集为《中国宏观经济丛书》和《中国经济学术基金丛书》公开出版。自 2015 年入选首批国家高端智库试点单位以来，我院进一步加强智库建设，连续几年在全国智库排名中位居前列。为进一步加大对优秀研究成果的宣传力度，持续扩大我院的学术影响力、决策影响力、社会影响力和国际影响力，我们进一步整合院内优秀研究成果，将原有丛书合并为《国宏智库丛书》品牌，以更有效地加强与同行的学术交流，更好地为经济管理部门、科研机构和社会各界提供服务。

《国宏智库丛书》（2021）是我院优秀课题研究成果的集合，研究领域围绕中央提出的现代化经济体系建设的主要内容，对产业体系、市场体系、收入分配体系、城乡区域发展体系、全面开放体系和经济体制进行系统研究，形成系列成果。

由于水平所限，丛书内容难免有不足之处。诚恳期待社会各界进行批评指正，以帮助我们不断提高研究水平和丛书质量。

中国宏观经济研究院

2021 年 3 月

本书课题组成员

刘泉红　臧跃茹　曾　铮

郭丽岩　刘志成　王　磊

周　适　王　丹　梁　俊

前 言

现代市场体系是现代化经济体系的重要组成部分。1997年，党的十五大报告提出“尽快建成统一开放、竞争有序的市场体系”，党的十八届三中全会再次强调要“建设统一开放、竞争有序的市场体系”，党的十九大后，习近平总书记在2018年1月30日的中共中央政治局集体学习会上指出：“要建设统一开放、竞争有序的市场体系，实现市场准入畅通、市场开放有序、市场竞争充分、市场秩序规范，加快形成企业自主经营公平竞争、消费者自由选择自主消费、商品和要素自由流动平等交换的现代市场体系。”党的十九届四中全会进一步提出要“建设高标准市场体系，推进要素市场制度建设，实现要素价格市场决定、流动自主有序、配置高效公平”，对现代市场体系建设提出了更新更高的要求。

改革开放40余年，我国实现了从计划经济体制向社会主义市场经济体制转变的巨大变革，作为社会主义市场经济体制的重要组成部分和有效运转的基础，我国市场体系经历了从无到有、从小到大、从发育到成熟、从封闭到开放的一系列历史转变，日臻成熟和规范，为我国经济持续健康发展和全面建成社会主义现代化强国提供了重要制度保障。在社会主义市场经济条件下，市场体系健全与否决定资源配置效率高低、关系发展质量优劣。当前我国经济已经由高速增长阶段转向高质量发展阶段，加快建立和健全高标准的现代市场体系，对推动经济转型升级、实现高质量发展意义极为重大。本书即是对新时代如何高标准建设和健全现代市场体系这一重大理论和实践问题的回应。

本书综合运用中国特色社会主义政治经济学和西方经济学的分析方法，基于建设中国特色社会主义市场经济体制以及现代化经济体系的历史背景，探讨中国特色现代市场体系的理论内涵和分析框架，梳理我国市场体系研究路径和发展阶段，分析建设和健全统一开放、竞争有序现代市场体系的重大意义，厘清现代市场体系与现代化经济体系其他六个方面的内在联系，剖析我国现代市场体系建设存在的短板与体制根源，展望新时代统一开放、竞争有序的高标准现代市场体系建设的战略思路、时间表和路线图，以及重大任务和配套改革举措。

本书是国家发展和改革委员会市场与价格研究所承担的中国宏观经济研究院 2018 年度重点课题“建设和健全现代市场体系研究”的最终研究成果，研究过程中，课题组力争在理论框架、定量分析、问题溯源、关键举措等方面有所创新。全书共分为三部分，第一部分是总论篇，展现了理论和分析框架及主要观点；第二部分是专题篇，分别从理论体系、市场主体、要素市场、定量评估、运行机制和制度基础等层面展开研究；第三部分是文献综述篇，从高标准市场体系的概念、建设历程和经验、主要做法、面临的主要问题、对策五个方面对相关研究进行了梳理和分析。专题篇和文献综述篇对总论篇起到了较好的支撑作用。全书研究框架由刘泉红研究员设计，各章撰写者分别为：第一章是刘泉红，第二章是曾铮，第三章是王磊、梁俊，第四章是梁俊、周适，第五章是刘志成，第六章是臧跃茹、郭丽岩，第七章是曾铮，第八章是刘志成、王丹和周适。本书撰写过程中多次得到白和金、林兆木、徐善长、马晓河、王昌林、吴晓华、毕吉耀、叶辅靖、黄汉权、高国力、肖金成、王仲颖、黄群慧、付文飙、戚聿东等领导和专家的悉心指导，在此特表示诚挚的谢意！

尽管课题组为本书的撰写付出了大量的努力，但由于研究时间和研究能力方面的局限性，本书仍然可能存在一些不够深入和不够全面之处，恳请读者朋友们批评指正。我们将就本书涉及的主题进行持续跟踪研究，力图为我国建设和健全高标准市场体系提供更加科学有力的研究支撑。

课题组长：刘泉红

2021 年 8 月

目 录

总 论 篇

专 题 篇

文献综述篇

总 论 篇

第一章
建设高标准市场体系研究

内容摘要：统一开放、竞争有序的现代市场体系是现代化经济体系的重要组成部分。将市场经济作为有机统一的体系进行治理，建设高标准市场体系，是支撑经济高质量发展、推进更高水平的对外开放、加快促进形成强大国内市场的重要基石。市场体系是包括主体、客体、运行机制和制度规范在内的复杂经济社会系统，各层面相互支撑、密切关联，是保证其高效运作的关键所在。把握新时代世情、国情的新变化和新要求，笔者认为高标准市场体系的基本特征可以归为“三化三性”，即法治化、信息化、国际化以及系统性、高效性、创新性。当前，我国现代市场体系已初步建立但仍不够完善，距离“高标准”还有一定差距，表现在市场主体活力不足、客体发育不成熟、准入和竞争机制不完善、运行秩序不够规范等诸多方面。究其根源是在产权、信用、市场监管、行政性垄断、财税与绩效考核等方面仍有深层次的体制机制束缚。为此，要重点提升我国现代市场体系的系统性、创新性及运行效率，着力夯实产权制度、社会信用、市场监管、竞争政策、财税体制等关键性的制度基石，加快形成企业自主经营公平竞争、消费者自由选择自主消费、商品和要素自由流动平等交换的现代市场体系，确保实现准入畅通、开放有序、竞争充分、秩序规范，为完善社会主义市场经济体制、促进经济高质量发展以及国家治理体系和治理能力现代化打下更为坚实而牢靠的市场基础。

在社会主义市场经济条件下，市场体系健全与否决定资源配置效率和经济发展质量。我国经济已由高速增长阶段转向高质量发展阶段，有必要将市场经济作为有机统一的体系加以治理，建设高标准市场体系，加快形成企业自主经营公平竞争、消费者自由选择自主消费、商品和要素自由流动平等交换的现代市场体系，实现真正的准入畅通、开放有序、竞争充分、秩序规范，这对于支撑经济高质量发展，推进更高水平对外开放，加快促进形成强大国内市场具有重大的理论与实践意义。

一、高标准市场体系的理论框架

建设高标准市场体系是加快完善社会主义市场经济体制的目标方向。从1997年党的十五大报告提出“尽快建成统一开放、竞争有序的市场体系”，到党的十八届三中全会提出“建设统一开放、竞争有序的市场体系”，党的十九大后，习近平总书记在2018年1月30日的中共中央政治局集体学习会上进一步指出：“要建设统一开放、竞争有序的市场体系，实现市场准入畅通、市场开放有序、市场竞争充分、市场秩序规范，加快形成企业自主经营公平竞争、消费者自由选择自主消费、商品和要素自由流动平等交换的现代市场体系。”这些重要论述，为我国现代市场体系建设指明了方向。党的十九届四中全会审议通过的有关决定指出，坚持和完善社会主义基本经济制度，加快完善社会主义市场经济体制，必须“建设高标准市场体系，推进要素市场制度建设，实现要素价格市场决定、流动自主有序、配置高效公平”，为高标准市场体系建设提出了明确目标。市场体系是一个复杂且具有较强政策性的概念，应从其概念出发，剖析其内涵与外延，分解市场体系构成要素，分析现代市场体系的基本特征，准确研判现代市场体系与现代化经济体系其他方面的关系。

（一）市场体系的内涵及构成要素

市场体系是一个存在价格调节、由许多单个市场组成的具有内在联系的系统。在这个系统中，既可以发生商品、货币、资本等有形物的交换活动，又可以发生服务、技术、信息等无形物的交换活动。完整的市场体系，包括各种市场主体、市场客体、市场运行机制、市场保障制度等。

根据上述定义，市场体系是一个复杂的系统（见表 1–1），各层面相互支撑和关联，才形成了市场体系这一复杂的经济社会系统。一是市场主体。市场主体主要是指市场交易活动的生产经营者，即各类企业主体，其都是自主经营、自负盈亏、自我发展、自我约束的法人实体和市场竞争主体，能够自主参加市场活动，根据市场信号进行生产经营决策。市场主体为市场体系运行提供了交易主体和参与者基础。激发市场主体活力，弘扬企业家精神，是推动企业发挥更大作用实现更大发展，为经济发展积蓄基本力量的重要举措。二是市场客体。市场客体是指进入市场的能够自由流动的各种商品、服务和生产要素等交易对象。市场客体是市场主体作用的对象，具有多样性特征，既有生产资料，又有生活资料；既有有形的商品，也有无形的信息、技术和服务。市场客体为市场体系运行提供交易对象和物质基础。三是市场运行机制。主要有价格机制、供求机制、竞争机制等。价格机制是指在竞争过程中，与供求相互联系、相互制约的市场价格的形成和运行机制；供求机制是调节市场供给与需求矛盾，使之趋于均衡的机制；竞争机制是市场经济活动中优胜劣汰的机制。竞争机制是市场运行机制的基础。市场运行机制为市场体系运行提供了基本机制与动态模式。四是市场保障制度。市场保障制度是指为了保证现代市场经济高效有序地运行所必需的市场法规与制度，包括产权制度等市场主体的基本制度，市场信用、市场监管、公平竞争、反垄断等层面规范市场秩序的制度，以及防范市场风险和维护市场稳定的相关法律制度。市场保障制度为市场体系运行提供制度基础和政策环境。

表 1-1　市场体系的基本构成要素

要素	内　　容	功能
市场主体	生产经营者、生产要素提供者和中间商、消费者、中介组织	提供市场体系运行的交易主体和参与者基础
市场客体	商品（包括消费品和生产资料等）、服务（包括生活性服务和生产性服务等）、要素（包括土地、劳动力、资本、技术、信息等）	提供市场体系运行的交易对象和物质基础
市场运行机制	价格机制、供求机制、竞争机制	提供市场体系运行的基本机制与动态模式
市场保障制度	作为市场基石的产权制度和信用制度，规范市场秩序的监管制度、公平竞争制度、反垄断制度等，维护市场稳定、防范市场风险的相关法律制度等	提供市场体系运行的制度基础和政策环境

资料来源：课题组根据相关文献整理得出。

（二）高标准市场体系的内涵和基本特征

建设高标准市场体系是加快完善社会主义市场经济体制的方向和重点，是适应经济高质量发展新要求、推进经济治理体系和经济治理能力现代化的关键举措，也是推动我国从市场大国向市场强国迈进的必然选择。我们认为，高标准市场体系是指与现代化经济体系相匹配，具有突出的法治化、信息化、国际化趋势，系统性、高效性、创新性等特征，能够充分保证企业自主经营公平竞争、消费者自主选择自主消费、商品和要素自由流动平等交换，在高水平上实现市场准入畅通、市场开放有序、市场竞争充分、市场秩序规范的现代市场体系。可见，高标准市场体系，既要具备一般市场体系的基本功能，又要符合新时代世情、国情的新变化和新要求（见图 1–1）。

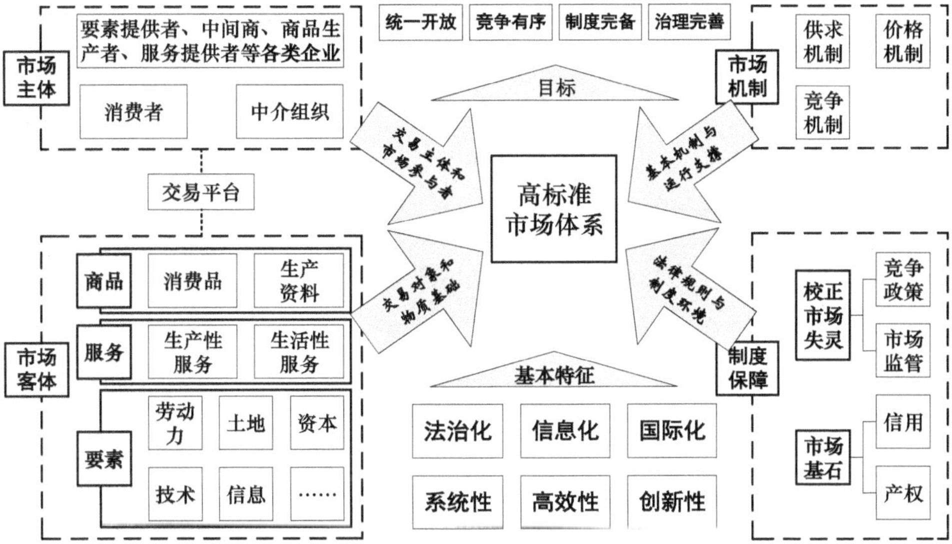

图 1–1 高标准市场体系的构成要素与特征

资料来源：课题组整理。

1．法治化是高标准市场体系的秩序之本

法治化是高标准市场体系最为重要的基础性特征。现代市场体系建设中，商品流通、资源流动、产权保护以及竞争公平，都必须依靠强有力的法治化条件有序进行，以促使各种市场交易的法律制度逐渐完善，市场监管法治化水平日益提高。

2．信息化是高标准市场体系的畅通之根

当前市场体系信息化的趋势越来越明显，不仅各种创新性信息技术日益深度地融入各种交易对象和交易方式之中，而且，借助层出不穷的各类信息技术的发展，各种类型的虚拟市场开始出现并且迅速发展。可见，市场体系的信息化是和数字化、虚拟化相联系的，而且随着区块链等信息技术的不断发展，未来市场可能出现一种去中心化的趋势。

3．国际化是高标准市场体系的进步之匙

现代市场体系发展到一定阶段，各个主权国家的市场体系不再是一个单纯的封闭的国内市场，而是变成全球化的统一市场，国内竞争国际化，国际竞争国内化，通过与国际市场的广泛联系，积极参与国际分工和国际竞争，并按国际市场不断变化的信息来决定国内资源配置的方向，通过提升市场体系的国际化水平，从“小市场”走向“大市场”，实现市场开放有序。因此，国际化是高标准市场体系的又一重要特征。

4．系统性是高标准市场体系的规范之因

首先，现代市场体系的组织具有系统性特征，一方面其市场主体和客体体系完备，另一方面其主体与客体之间的关联组织性较强。其次，现代市场体系的机制具有系统性特征，价格、供求、竞争三大机制相互关联、协同运行且功能有效，能够形成有效的机制性系统。最后，现代市场体系的规则具有系统性特征，产权制度和信用制度、监管制度、公平竞争制度和反垄断制度，以及维护市场稳定、防范市场风险的相关法律制度，各制度自成体系又相互衔接，形成了系统化的市场治理规则体系。

5. 高效性是高标准市场体系的应有之义

当前，全球范围内贸易投资的自由化、便利化虽然可能面临曲折，但不断向前推进的趋势不会改变，再加上产业技术进步，特别是与现代物流和市场交易相关的运输技术、信息技术的进步，在有效降低交易成本的同时，也使市场交易的效率得到大幅提高。因此，高效性成为高标准市场体系的典型特征。

6. 创新性是高标准市场体系的活力之源

随着技术进步步伐的加快和管理水平的提升，参与全球现代市场体系建设的各种交易主体，其组织制度、业态和商业模式都在不断创新；各种交易对象的品种、形态以及交易方式，也在不断创新。而且，这种创新的态势还呈现出一种不断加速的趋势。因此，创新性也是高标准市场体系的主要特征之一。

（三）与现代化经济体系其他层面的关系

在 2018 年 1 月 30 日中共中央政治局第三次集体学习中，习近平总书记强调，“现代化经济体系，是由社会经济活动各个环节、各个层面、各个领域的相互关系和内在联系构成的一个有机整体”。党的十九届四中全会审议通过的有关决定提出“建设高标准市场体系”。

建设和健全统一开放、竞争有序的现代市场体系，是实现党的十九大提出的社会主义市场经济体制三大特征即市场机制有效、微观主体有活力、宏观调控有度的重要保障，也是完善社会主义市场经济体制的基础条件。高标准市场体系的建立和健全，是高质量发展的重要基石，是我国现代化经济体系的牢固依托，是实现产业体系升级的重要前提，是实现收入分配体系完善的必要条件，是实现城乡区域发展体系协调的机制保障，是实现绿色发展体系构建的有效途径，是实现全面开放体系优化的应有之义，是实现政府与市场协同的关键因素。

二、市场体系建设的国际经验借鉴

近年来，我国持续推进现代市场体系建设，在维护市场公平竞争、规范市场运行秩序以及破除行政垄断等方面取得了重大进展。但仍然存在市场主体活力不足、价格机制与规制体系亟待优化、市场运行规则尚不完善等问题。而西方发达国家市场在法治规范、完整统一、创新高效和开放包容方面拥有较多成熟经验（见图 1–2），值得我国借鉴。

图 1–2　现代市场体系的国际经验

资料来源：课题组整理。

（一）法治规范，维护市场正常秩序

一是形成系统协调的竞争法律体系，构筑维护市场秩序的有效屏障。英

国形成了以 1998 年制定的《竞争法》为核心的完善法律体系。《公平交易法》和《竞争法》主要处理垄断问题，《限制性贸易行为法》针对企业间限制性价格协议，《转售价格法》禁止转售中的价格限制行为。英国完备的竞争法律体系使建设完善市场体系的相关内容都能较好地体现在法律框架内。美国也通过完备的法律体系维护市场的正常秩序，1890 年颁布了《谢尔曼法》，1914 年通过了《联邦贸易委员会法》和《莱克顿法》。通过完善竞争法治，使危害市场秩序的行为得到遏制，产生威慑效应，为完善美国市场体系奠定了坚实基础。

二是建立权威的竞争执法机构，为维护市场秩序提供条件。欧洲反垄断机构一般具有较强的独立性和权威性。一方面，反垄断机构的任何决策不受政府影响，具有较高独立性。如捷克竞争维护办公室可以对政府部门的排除限制竞争行为进行罚款。另一方面，反垄断机构有权参与经济社会政策的制定，对任何排除限制竞争的情况提出修改意见。从源头上让竞争执法机构发挥权威的竞争“筛查”作用，扫除市场公平竞争的障碍，有效维护市场运行秩序。

三是开展公平竞争审查，废除危害市场秩序的法规文件。20 世纪 80 年代澳大利亚发现其《贸易行为法》不能有效限制州政府地方保护主义和国有企业区域垄断问题，市场竞争秩序难以维护。因此，澳大利亚于 1991 年开始实施竞争审查，明确市场主体不得从事违反社会公共利益的反竞争行为，且所有市场主体的竞争行为应适用普遍和统一的竞争规则。审查制度包括：审查并废除国家、州际以及地方性的妨碍竞争的法律法规；审查国有企业的组织结构，以判定它们是否阻碍竞争、是否需要重组；审查垄断性行业的价格规制等。其中，对含有限制竞争内容的法律进行的彻底审查在规制行政性垄断方面成效明显。通过彻底的竞争审查和激励性的审查政策，澳大利亚废除了不少含有限制竞争内容的法律文件，为维护市场竞争秩序扫清了障碍。

我国需要借鉴国外相关做法，根据经济发展中遇到的新问题不断修改完善我国反垄断法，保持其在处理经济领域相关案件中的绝对权威性，逐步将竞争确立为经济组织的核心原则，加强合并后执法机构的协调统一，提高执法效率。进行重大经济决策时要听取反垄断机构的专业意见，防止经济政策出现排除、限制竞争的情形，此外，还要将公平竞争审查制度纳入竞争政策的法律体系中，形成强有力的法律制约，为维护市场秩序提供有效保障。

（二）完整统一，破除市场进出壁垒

在统一性建设方面，欧盟做法颇具代表性。欧盟 1985 年颁布了实现内部统一大市场白皮书，规定用七年的时间，取消对商品、人员、劳务和资本在共同体范围内自由流动的一切技术、税收和其他人为的市场边界，加强市场规则的一致性，为实现欧盟经济利益最大化提供了基础。

一是通过加强反垄断执法、强制政府采购实行公开招标等措施取消商品流通的市场壁垒。欧盟竞争总局对各成员国竞争执法具有指导性和约束性，且欧盟竞争委员会致力于在反垄断、兼并和国家援助方面促使成员国使用统一的竞争规则，进而促使欧盟建立单一的数字市场、能源联盟、金融服务市场等。此外，从 1993 年开始，欧盟成员国政府的各种商品、劳务采购合同和公共工程承包合同必须面向所有成员国的厂商进行公开招标，通过制度设计保持商品的自由流动。

二是破除要素流动壁垒。首先，通过颁布成员国的统一技术法规和技术标准消除技术壁垒。颁布《关于技术协调和标准化新方法》以消除贸易中的技术壁垒，促使商品的自由流通。其次，统一各成员国的劳动条件和社会保障标准，促进人员和劳务的自由流动。实行“欧洲公民身份”制度，规定欧盟的公民在所有成员国都享受与当地公民相同的就业、工资、社会福利、开办企业、设立机构的权利，促进人员在欧盟境内的自由流动。最后，通过实现资本自由流动优化资源配置。从 1993 年开始，欧盟所有成员国都实行了资本自由流通政策，银行和保险业务也随之完全放开。资本的自由流通为欧盟境内贸易完全自由化奠定了重要基础。

三是通过加强成员国间竞争政策的协调确保欧洲市场的统一性。一方面，欧盟竞争政策明确其主目标即建立欧洲统一大市场，并实施了一系列政策和措施，推动共同体内经济的协调和平衡发展。欧盟竞争法中所维护的共同市场是指由许多成员国提供区域范围内和国际范围内的竞争机会。另一方面，欧盟设置了协调机构即欧盟竞争网络（European Competition Network，简称 ECN），进而加强各个成员国对欧盟竞争政策实施的配合。通过加强成员国竞争执法协调和竞争政策交流保证竞争政策在欧盟范围内实施的有效性和一致性。

针对我国尚存的市场准入门槛“虚低实高”、地方保护等问题，要在总结欧洲建设统一市场的基础上，结合国情，进一步支持非公资本依法平等进入清单以外的行业、领域、业务等，享受平等的准入标准和优惠政策。落实非公资本进入医疗、养老等民生服务领域的具体方案，切实解决准入门槛高、互为前置审批等问题。同时，优化市场主体退出机制，减少企业注销制度成本。还要保证各种类型企业依法平等使用生产要素，减少“有形之手”对要素的直接配置和对市场竞争的粗暴干预，防止各种财政补贴和优惠扭曲要素配置。此外，推进要素市场化交易平台建设，解决使用生产要素成本过高、流动不畅的突出问题，破除危害市场统一的各种壁垒。

（三）创新高效，优化市场运行机制

通过改善知识产权管理服务模式激发市场主体创新能力。美国通过构建高度共享、高效透明的知识产权平台促进科技资源共享、激发企业创新。美国知识产权公共服务平台采用以政府为中心的一站式管理，由美国专利商标局为主负责知识产权公共服务平台的日常业务和维护。其平台具备的特点有：一是将草拟的公共服务制度和实施细则在平台上公布，以便征询各个利益相关方的意见，大大提高了知识产权的实用性和可操作性。二是经常通过知识产权公共服务平台将某些专利和技术标准巧妙地结合起来，进而加强本国企业在国际市场的竞争力，顺应市场的变化。三是建立和完善知识产权价值评价体系，开发知识产权交易系统软件，建立国际标准，组建专利联盟。促进知识创造和研究开发中间成果的流通和利用，建立广泛收集、保存和提供中间成果的机制，使中间成果能物尽其用，充分实现其价值，提升市场的整体创新能力。

以竞争中立原则保持充分竞争进而提高市场运行效率。美国针对国有企业的竞争中立原则主要体现在对联邦政府公司获得政府财政补贴做了严格的限定，确保国有企业与其他企业间的公平竞争。即获得补贴的前提条件是企业亏损已经威胁其正常运营，即便联邦政府公司某些业务领域处于亏损状态，只要能够持续正常运营，通常情况下是不会得到联邦政府拨款补贴的。而澳大利亚是通过税制中立、债务中立、规章制度中立等政策明确国有企业的竞争中立原则，防止国有企业在获取补贴、低息贷款、政策监管上享有优惠，进而违背市场规律，造成资源浪费和错配，降低市场运行效率。

反观我国，高效运行的市场机制和公平竞争的市场环境尚待完善。需要建立和完善知识产权价值评价体系，有效实现保护知识产权和防止滥用知识产权之间的平衡。此外，还要借鉴国外经验，分步骤、有重点地将国有企业彻底纳入竞争政策的执法范畴，避免国有企业因所有制因素而享有竞争优势的情形。简化国有企业运营方式、核算特定职能成本、给予商业化回报、厘清公共服务义务，分步进行税收、监管、债务及补贴、公共采购等规则和政策中性为核心内容的改革，以维护各类市场主体间的公平竞争。

（四）开放包容，促进市场融合畅通

提高市场体系的开放性能够促成一个跨行业、跨部门、跨地区、跨国界的商品和要素自由流动的体系。通过与国际市场的广泛联系，积极参与国际分工和国际竞争，从“小市场”走向“大市场”，实现市场开放有序。

一些国家和地区围绕自由港建设探索出较多提高市场体系开放性的举措。一方面，提高金融法律服务水平，吸引更多企业驻扎。如新加坡自由贸易港构建了完备的金融法律服务系统，设有 500 多家金融机构，为交易提供金融服务和贸易融资服务。同时，新加坡在涉外贸易纠纷的法律仲裁方面也有独到之处。2017 年 1 月，新加坡允许第三方资助仲裁并承担风险，通过赋予第三方选择权，为纠纷当事人更好地提供服务。根据瑞士洛桑国际管理发展学院发布的《IMD 世界竞争力年鉴》可知，新加坡 2017 年的世界竞争力位列第三，且在通过司法保护企业竞争方面排名领先。因此，完善的金融法律服务保证了企业间的公平商业竞争，是吸引外资的重要因素。

另一方面，推行便利商贸的税收政策，以良好的投资营商环境增强外资吸引力。如爱尔兰香农自由贸易港区内企业的所得税率仅为 12.5%，而欧盟的平均企业所得税率为 21.52%。同时，爱尔兰香农自由贸易港对区内符合条件的企业，免征股权分配期的资本利得税，并给予一定的就业补助、研发补助、培训补助和资金支持。中国香港自由贸易港实行零关税政策，除烟草类、酒水类、碳氢油类以及甲醇这四类商品，其他进出口货物均不需要缴纳任何关税。根据世界银行发布的《2018 年全球营商环境报告》，全球 190 个经济体中，中国香港自由贸易港 2018 年的全球营商环境排名第五，从 2007 年至 2018 年，十余年来排名始终处于全球前五。爱尔兰香农、中国香港等自由贸易港均通过提供有利于投资、营商的各种税收优惠条件，为企业营造良好的营商环境提高外资吸引力。

我国在世界银行发布的《2019 年全球营商环境报告》中的排名已从 78 位跃升至 46 位，成为十大最佳改革经济体。今后，我国还要在总结国际经验的基础上，持续深化改革，进一步提高市场开放性。深化投资管理体制改革，继续简化商事登记制度，优化对外投资登记备案制。推进贸易便利化制度创新。建设完善电子通关平台，持续简化进出口企业通关程序。加大金融体制改革，扩大金融对外开放。各自贸区要以降低实体经济融资成本为目标开展多样化的产品和服务创新。此外，建议尽快出台营商环境评价指标体系，引入社会第三方机构定期开展营商环境评价。还要从中央层面统筹协调，制定“一揽子方案”，出台进一步加大减税力度的办法。

三、我国市场体系建设历程、成效及评估

（一）建设历程

改革开放以前，在高度集中的计划经济体制下，我国真正意义上的市场经济成分基本处于空白状态。党的十一届三中全会以后，我国正式拉开经济体制改革和市场体系建设的大幕。我国市场体系建设呈现出明显的阶段性特征，大致经历了三个阶段。

第一阶段（1978—1991 年），初始发育阶段。党的十一届三中全会以后，在农村改革和价格改革的带动下，我国农业生产力迅速恢复，农村个体经营和集贸市场首先放开，农副产品商品化开始起步，其他商品市场也开始萌芽；与此同时，资本和劳动力市场化改革也有所推进。截至 1991 年，除部分城镇居民和军队供油实行统销外，其余农副产品均由市场销售，国家进行计划管理的商品和生产资料都大幅减少；初步形成了国有、集体、个体私营

共存的多元市场主体格局；市场价格调节商品和服务的范围大大扩展；劳动力市场二元结构开始形成；金融机构多元化、利率与汇率政策调控框架逐步形成。

第二阶段（1992—2012 年），纵深推进阶段。1992 年邓小平南方谈话后，党的十四大报告确立了建设社会主义市场经济体制的经济体制改革目标。截至 2012 年，我国各类市场加速向纵深发展，在市场规则、运行机制、法律制度等方面也加速与国际市场接轨。商品市场、劳动力市场以及资本市场改革步伐显著加快；大多数国有大中型骨干企业已建立现代企业制度；民营企业和外资企业都成为社会主义市场经济的重要组成部分；初步建立统一开放、竞争有序的现代市场体系框架；基本实现了计划价格体制向市场价格体制转型；市场竞争的规则更加完善；劳动力市场的基本机制逐步完善，城乡劳动力市场已初步确立；股票市场、债券市场等各类资本市场成为我国现代市场体系的重要组成部分，资金融通和资源配置功能得到极大的发挥。

第三阶段（2013 年至今），健全完善阶段。经过 35 年的发展，我国统一开放、竞争有序的现代市场体系框架已经基本确立，但发展过程中也存在一些问题。党的十八大特别是党的十八届三中全会以来，我国进入全面深化改革阶段。党的十九届四中全会提出，要建设高标准市场体系，推进要素市场制度建设，实现要素价格市场决定、流动自主有序、配置高效公平。在这一时期，我国现代市场体系建设取得了积极进展，商品和要素流动更加自由，市场规模持续扩展；市场决定价格的范围大幅拓展；更大范围、更宽领域的现代市场体系初步建立，商品市场体系和资本、劳动力等要素市场体系都向更高层次、更高水平迈进。

（二）发展成效

1．市场主体结构优化效率提升

一是市场主体结构趋于合理，企业治理结构不断优化。大中小企业分工合作、协同发展格局初步形成。2018 年，我国规模以上工业企业的国有、民营、港澳台和外商企业资产所占比例分别为 52%、29% 和 19%，企业数量占比分别为 29%、58% 和 13%。国企逐渐向重要行业和关键领域集中，以管资本为主的国有资本授权经营体制初步形成，市场竞争力、带动力不断增强。现代企业制度的框架结构已覆盖多数国有及民营企业，各类市场主体的公司治理水平逐步提升。

二是市场主体经营效率提升，竞争力增强。在 2018 年的《财富》世界 500 强企业名单中，国家电网、中石化、中石油分别占据了榜单的第二、三、四名，前 50 名中来自我国内地的企业就有 11 家。民营企业竞争力、创新能力不断增强，出现了一批行业龙头、独角兽企业，28 家民营企业进入世界 500 强之列。

三是多种类、多形态、多层次的交易平台体系基本形成。我国已形成包括消费品交易平台、大宗商品交易平台、股票和债券交易平台、产权交易平台、劳动力市场交易平台、土地流转平台等众多市场平台。从形态上来看，既有场内交易和场外交易平台，也有实物交易和衍生品交易平台，还有现货交易和期货交易平台。依托全国性大型交易平台，我国在国际市场的话语权和定价权逐渐增强。

2．商品市场层次丰富模式创新

一是多层次、多类别的商品市场体系基本建立。由现货市场、中远期市场和期货市场、场内市场和场外市场组成的多类别多层次的商品市场体系成功构建。京东、天猫、渤海商品交易所、寿光果蔬交易所、天津贵金属交易所等万亿级现货交易平台相继建立，上海期货交易所、大连商品交易所和郑州商品交易所的期货交易规模国际领先，对国际市场价格形成的影响力不断提升。

二是现代化的市场组织体系和交易方式初步形成。商品市场的信息化水平日益提升，商品实现就近配送、商流和物流信息的有效对接，大幅降低了物流成本。商品市场在交易品种、交易方式、制度规则、商业模式方面不断创新，开展了竞价交易、挂牌交易、中远期交易、现货递延交易等各种交易模式。

3．要素市场服务实体经济功能增强

一是资本市场服务实体经济的能力有所增强。直接融资占社会融资的比重逐年提高，我国股票和债券市场规模均位居世界第二位。外汇市场产品体系日益丰富，国际金融机构和商业机构在国内股市、债市、期货市场中参与程度逐步提升。

二是土地制度改革促进了工业化和城镇化进程。“土地承包经营权”“国有土地使用权”等基础性制度安排①，以及土地出让金制度、允许土地使用权依法转让和出租等措施对改善城市基础设施、缓解城镇用地紧张、助推我国城镇化进程发挥了一定的作用。

---

① 刘守英．中国土地制度改革：上半程及下半程［J］．国际经济评论，2017（5）：29-56，4.

三是劳动力市场机制改革释放了“人口红利”。各地逐步取消农业与非农业户口性质区分，部分地区放宽落户条件，居住证制度不断改进[①]，提升了劳动力城乡及区域流动性，1978 年至 2017 年，城镇化率平均每年增加 1.015 个百分点，促进了我国“人口红利”的形成[②]。

四是科技体制改革助推经济转型升级。技术市场稳步发展，技术转移机制持续优化，提高了知识生产、传播和更新的质量与速度，推动了科技成果的资本化和产业化。

4．市场运行机制不断优化

一是社会主义市场价格机制基本建立。市场在商品和服务价格形成以及资源配置中起决定性作用的机制基本确立。截至 2019 年，竞争性领域和环节的产品和服务价格几乎完全放开，政府管理价格的比重已不足 3%。形成以价格法为核心的价格法律体系。价格调控转变为以经济手段和法律手段为主、行政手段为辅。

二是竞争政策基础性地位初步确立。中共中央、国务院以及多部委相继印发文件，明确了公平竞争审查的总体要求、审查对象、方式、标准，竞争政策在我国经济政策体系中的地位得到加强。

5．制度体制不断改进

一是市场主体权利保障机制得到改进。中央出台了相关文件，加强对产权和企业家精神的保护，为增强市场主体活力提供了保障。

二是改革持续深化。尤其是党的十八届三中全会以后，通过加快推进商

---

① 蔡昉．中国劳动力市场发育与就业变化［J］．经济研究，2007（7）：4–14，22.

② 陆铭，陈钊．当刘易斯遇到马克思：论中国劳动力短缺的制度成因与对策［M］// 张欣，蒋长流，范晓静．中国沿海地区产业转移浪潮：问题和对策．上海：上海财经大学出版社，2012.

事制度改革和“放管服”改革，大幅削减行政审批事项、企业投资核准项目，终结非行政许可审批，改革商事制度。

三是监管等保障体系不断优化，市场运行更加有序。2018 年机构改革后，新组建了国家市场监督管理总局，标志着我国统一的市场监管体系初步形成。同时，市场信用体系建设也稳步推进，市场化退出机制开始建立。

（三）定量评估及预测

以商品市场、资本市场和劳动力市场为例[①]，从市场体系建设进程和目标出发，选择表征统一、开放、竞争和有序四大目标的经济指标，按照“经济指标—目标指数—分项指数—总指数”的步骤分步合成，来构建现代市场体系成熟度总指数，对我国市场体系建设进程量化评估。同时，根据未来我国建设市场体系的总体部署和战略目标，综合运用情景模拟和趋势外推方法，设定了基准、次乐观和乐观三种情景，对我国 2020 年至 2035 年的市场体系成熟度总指数进行了预测。

1．对市场体系建设进程的定量评估

对我国市场体系建设进程量化评估的结果显示，我国现代市场体系建设呈现出一些独特的发展趋势和特征。

市场体系成熟度总指数呈上升态势，现代化水平显著提升。我国市场体系建设是在一个非常低的起点上起步，这使改革开放早期市场体系建设的边际效益非常明显，市场体系成熟度总指数增长较快。随着市场体系建

---

① 之所以选择商品、资本和劳动力市场，是因为无论是从成熟市场经济国家市场体系发展历程，还是各类市场在市场体系中发挥的作用来看，商品市场、资本市场和劳动力市场都是市场体系的核心，同时，土地和技术市场起步较晚，数据缺失比较严重。

设面临的困难挑战越来越多，市场发展的边际效益有所下降，市场体系成熟度总指数增速开始放缓。经过40多年的改革开放，我国已成功实现经济体制的顺利转换，市场体系建设取得显著成效，市场体系的统一性、开放性、竞争性和有序性均呈现出显著增强趋势，市场在资源配置中起决定性作用的基本态势已经确立，我国市场体系深入融入全球市场经济体系，现代化程度显著提升。相比1978年的0.037 6，2019年，我国市场体系成熟度总指数达到0.755 6，表明我国市场体系建设已经达到相对较高的水平。

各类市场体系均在不断完善，但成熟度指数高低不同。由于不同市场建设的步伐和难易程度有所不同，出现了商品市场体系和劳动力市场体系成熟度指数始终都高于资本市场体系成熟度指数，且商品市场体系成熟度指数在绝大多数年份高于劳动力市场体系成熟度指数的现象。

各类市场都对市场体系现代化作出贡献，但贡献度各有不同。1978年至2019年，市场体系成熟度总指数中，商品市场体系成熟度指数的贡献率高于同期劳动力市场体系和资本市场体系的贡献率，分阶段来看，1978年至1991年以及1992年至2012年两个时期，商品市场体系成熟度指数的贡献率都要高于同期劳动力和资本市场体系的；劳动力市场体系成熟度指数的贡献在第一阶段大于资本市场体系成熟度指数的贡献，但在第二阶段小于后者，这显示出资本市场体系建设进程在加快。2013年以来，商品市场体系成熟度指数的贡献低于劳动力市场体系成熟度指数和资本市场体系成熟度指数，同时，劳动力市场成熟度指数的贡献大幅上升。金融危机后，资本市场体系的建设更加审慎，因此其对整个市场体系建设的贡献并没有出现跳跃式增加，劳动力市场体系建设的稳步推进则填补了商品市场体系建设明显放缓的空缺，贡献了市场体系成熟度总指数增长的最大份额。

2. 对市场体系成熟度总指数的预测

研究结果显示，基准情景下，预计到 2025 年、2030 年和 2035 年，我国市场体系成熟度总指数分别达到 0.764 7、0.772 4 和 0.780 1，到 2035 年我国市场体系现代化已经达到较高的水平，为现代化经济体系提供更加扎实的市场基础。

次乐观情景下，预计到 2025 年、2030 年和 2035 年，我国市场体系成熟度总指数分别达到 0.773 9、0.789 5 和 0.805 4，分别较 2019 年提高 0.018 3、0.039 9、0.049 8，到 2030 年我国统一开放、竞争有序的现代市场体系达到更高的水平。

乐观情景下，预计到 2025 年、2030 年和 2035 年，我国市场体系成熟度总指数分别达到 0.783 2、0.807 0 和 0.831 5，分别较 2019 年提高 0.027 6、0.051 4 和 0.075 9，到 2025 年我国基本建成符合现代化经济体系要求的现代市场体系，此后，高水平高质量市场体系在高平台基础上向更高端迈进，为现代化经济体系提供更加强有力的支撑。

四、当前市场体系建设存在的主要问题及其根源

当前，我国现代市场体系已初步建立，但仍不完善，离达到“高标准”的要求仍有不少差距。其表层问题主要表现为构成市场体系的诸要素不能适应现代市场体系的要求，一些制约市场发挥决定性作用的短板仍有待补齐；深层矛盾主要表现为体制机制仍然存在诸多弊端，构成了约束市场发挥决定性作用的根源（见图 1–3）。

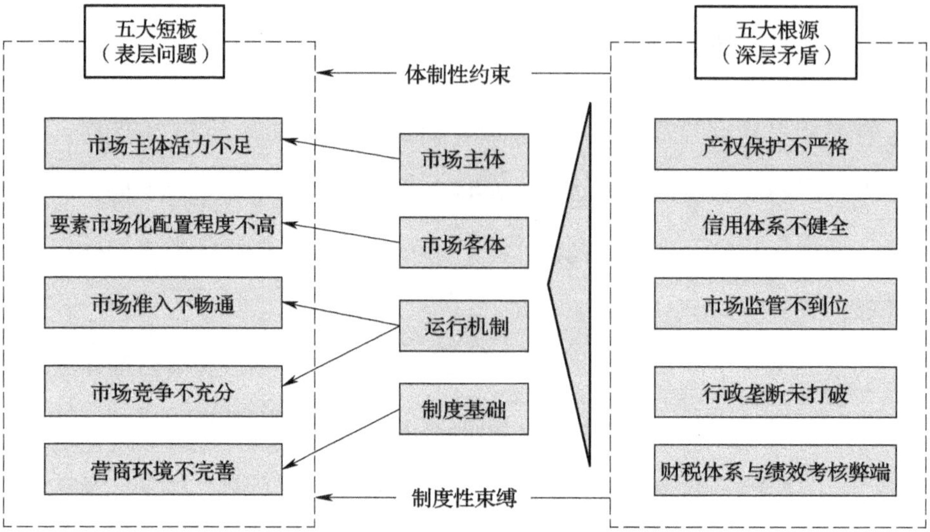

图 1–3　当前市场体系存在的主要问题与根源

资料来源：课题组整理。

（一）高标准市场体系建设需补齐五大短板

当前市场体系建设仍存在五大短板，从市场主体看是活力不足，从市场客体看是要素市场化配置程度不高，从市场机制看是市场准入不畅通、市场竞争不充分，从制度环境看是营商环境不完善。

短板一：市场主体活力不足，突出表现在企业自主创新能力不强和民营企业信心不足

受企业家精神相对缺失、激励机制不完善等因素影响，市场主体活力不足仍然是制约现代市场体系建设的重要短板。其突出表现，从发展动力看是自主创新能力不强，从主体类型看是民营企业信心不足。

企业开展自主创新的激励不足，原始创新能力不强。一方面，国有企业开展自主创新的激励机制不完善。一些企业市场主体地位仍未真正确立，企业内部激励约束机制仍有待完善，部分企业还存在内部人控制、利益输送等

问题，导致一些国有企业有创新条件而缺乏创新积极性。另一方面，民营企业获取创新资源的能力不强。民营企业在融资信贷、吸引创新人才、参与成果转化等方面仍面临一些体制性的约束，导致一些民营企业有创新动机而缺乏创新资源。受此影响，在一些重要的创新型行业和前沿领域，我国在技术创新方面仍扮演着追随者和模仿者角色，国内企业很少能够在前沿技术创新和应用上发挥引领作用。2017 年，我国国内发明专利授权量仅占全部专利授权量的 13.2%，大量专利为实用新型和外观设计，反映出我国企业创新能力仍有待提升。

民营企业发展仍面临不少歧视性限制和隐性障碍，致使企业发展信心不足。在诸多领域，民间投资仍存在市场准入的隐性障碍，相关配套措施不完善，政策落实不到位，导致民营企业难以公平参与竞争。比如在招标方面，虽然表面上向民营企业开放，但在资质条件、相关业绩、专业要求等方面往往要求过高，大量民营企业被排除在外；在企业评级方面，同等条件下，民营企业评级往往要比国有企业差；在融资方面，针对民营企业尤其是中小企业的信贷歧视依然存在。在相关体制约束下，尽管中央出台了一系列促进民间投资的政策文件，但企业的发展信心仍然不足，民间投资增速总体呈下行趋势。从规模以上工业企业的数量变动情况看，2018 年上半年，安徽省新进规模以上工业企业 788 家，退出 2 374 家，净减少 1 586 家。湖北省新进企业 750 家，退出 2 155 家，净减少 1 405 家。在国有企业基本稳定的情况下，规模以上企业数量减少反映出民营企业发展呈收缩之势。

短板二：要素市场化配置程度不高，突出表现在要素市场分割和要素价格扭曲

推进要素市场化配置改革，是建设高标准市场体系的内在要求，也是当前有效激发各类要素的潜能和活力，增强发展新动能的重要举措。尽管我国要素市场化改革取得了重大进展，但我国要素市场化改革明显滞后于商品市

场化改革的步伐，一些领域的要素配置市场化程度仍然不高。其突出表现，从配置过程看是要素市场分割，从配置结果看是要素价格扭曲。

部分领域还存在要素市场分割现象。目前，我国已经在土地、资本、劳动力、技术等要素市场都建立起了公开、透明的交易体系，要素价格可以按照供求关系动态调整，促进资源有效配置。但与此同时，还存在大量地下、灰色、政策难以企及的市场，在这些市场，要素配置偏离了市场规则，难以实现有效配置。例如，资本市场中，在债券发行、交易等方面竞争较为充分，市场信号较为明确，而在一部分地区的信贷市场中，行政力量干预较多、透明度较差。2015 年以来，在我国一年期贷款基准利率持续低于 5% 的情况下，反映民间借贷利率的温州地区民间融资综合利率一年期贷款利率始终处于 15% 左右的高位，可见融资领域存在较为严重的市场分割现象。

部分生产要素价格形成机制不健全，价格严重扭曲。在一些领域，要素价格形成机制不健全，导致要素配置效率不高。主要表现为，政府定价透明度不高，监管规则不完善；市场定价的秩序不规范，政府不当干预过多，价格不能灵活调整。例如，在债券市场，由于评级机制不健全，导致债券发行利率不能完全反映企业经营风险。据统计，2018 年上半年出现的债券市场风险事件中，违约债券数量共有 59 只，14 家新增违约主体，但这些债券发行时主体评级均在 AA 等级之上。在土地市场，政府完全控制土地供应，土地指标安排不合理，导致部分城市土地价格畸高，进而造成住房价格泡沫化现象严重。根据发达国家经验，合理的房价收入比一般不超过 6，但 2017 年深圳、上海和北京的房价收入比分别达到 39.64、27.98 和 25.7。要素价格扭曲给我国的经济发展带来了严重的损失，芝加哥大学谢长泰教授等人的研究表明，如果按照边际收益均等化对我国的劳动和资本进行再配置，我国全要素生产率可以提升 25% 到 40%。这反映出要素市场扭曲使我国出现了严重的行业间要素错配，给经济发展带来了大量的无谓损失。

短板三：市场准入不畅通，突出表现在重点领域准入门槛高和隐性壁垒难破除

尽管通过行政审批体制改革，我国市场准入门槛有所降低，但在部分领域市场准入不畅通问题仍有待破解，很大程度上导致了不同市场主体之间的不平等。其突出表现，既有改革不到位问题，即重点领域准入门槛高，也有改革政策落实不到位问题，即隐性壁垒难消除。

我国政府努力践行"市场非禁即入"原则，但一些重点领域准入门槛仍然较高。我国已经出台全国统一的市场准入负面清单管理制度，彰显了政府部门践行"市场非禁即入"原则的决心与魄力。但是，在实践中仍遇到一定阻力，特别是在电信、石油、电力、铁路、金融、文化等领域，不同程度上仍存在"卷帘门""玻璃门""弹簧门"等现象，民间投资者容易陷入"进无预期、行有阻碍、退无出路"的各种困境。以油气领域为例，我国已经逐步放宽了民营企业进入油气勘探开发领域的准入条件，但现实中民营企业的勘探开发仍局限于煤层气、页岩气等非常规油气勘探开发领域。

在一些准入逐步放开的领域，也存在市场壁垒"虚低实高"，隐性壁垒难消除的问题。随着行政审批体制改革逐步深入，"明"的显性壁垒大大减少。但从"暗"的隐性壁垒来看，问题更加复杂，破除各类垄断的制度安排的系统性、协调性尚待提升，进一步深化垄断行业的改革仍面临既得利益集团的阻碍。受体制惯性的影响，部分体制内的国有企业仍是"亦官亦商"的主体，非但没有加快退出一般竞争性领域，反而在可竞争性领域占据更多资源优势和更大市场支配地位，加剧了对其他市场主体的排除或限制。以招投标为例，部分已经开放竞争的领域"必须招标"和招标过程中存在的不规范行为屡受诟病，被认为是限制社会资本尤其是民营主体进入的"隐性壁垒"。

短板四：市场竞争不充分，突出表现在政府歧视性支持政策和企业垄断行为多发

受市场发育不完善影响，一些领域市场竞争仍不充分，竞争机制发挥作用的市场环境有待改善。其突出表现，从政府层面看是歧视性支持政策过多过滥，从企业层面看是垄断行为未受到应有的约束。

公平竞争理念仍未深入人心，歧视性的支持政策仍有较大市场。随着经济体制改革不断深化，全国统一市场基本形成，公平竞争环境逐步建立。但一些行政主体和决策部门公平竞争意识还比较淡薄，仍然习惯用排除和限制竞争的政策措施来实现行业或区域发展目标。部分企业也习惯寻求不合理的支持政策来谋求企业发展的竞争优势。地方保护、区域封锁和不合理的市场准入仍然存在，歧视性优惠和限制政策，违法给予优惠政策或减损市场主体利益仍较为普遍。这些做法破坏了竞争机制发挥作用的政策环境，导致了严重的资源错配、扭曲了市场价格、损害了社会福利，对经济发展造成了巨大伤害。以政府补贴为例，对上市公司的统计表明，2017 年获得补助的中央企业，其所获政府补助金额的中位数水平约为 2 000 万元，在各类型企业中排在首位，地方国有企业中位数补助水平也接近 1 600 万元，而民营企业则不足 1 000 万元，不足央企的一半。反映出政府补贴存在一定的所有制歧视。

企业垄断行为表现形式多样，对社会福利损害较为严重。随着市场的产业组织结构不断演化，部分行业市场集中度快速提升。一些具备市场支配地位的企业滥用垄断势力，通过产品销售中的垄断高价、要素买入中的垄断低价、限定转售价格、限定销售区域、捆绑销售、滥用知识产权等多种方式实施垄断行为。部分企业为攫取并瓜分垄断利润达成垄断协议，甚至有行业协会组织企业进行协商后达成价格垄断协议。相关行为损害了竞争机制发挥作用的市场基础，产生排除和限制竞争、阻碍创新的影响，严重损害消费者福利。

短板五：营商环境不完善，突出表现在政务诚信建设滞后和企

业税费负担较重

尽管我国营商环境持续改善，但与发达国家相比仍存在一定差距。营商环境方面的短板制约了企业的活力和创造力，也影响了市场配置资源的效率。在营商环境的各个层面，企业反响较为强烈的是政务诚信建设滞后和税费负担较重。

部分地区政务诚信建设有待加强，“新官不理旧账”问题仍然存在。近年来，我国法治政府建设取得了长足进展，但现实中一些地方法治意识不强的现象仍然存在，部分地方政府的失信行为有损政府公信力和社会福利。少数地方政府因政府规划调整、政策变化导致市场主体与政府签订的民商事合同不能履行。有的企业上缴国有土地使用权出让金、投资款、租金后，土地使用权被无故收回。有的地方政府招商引资时过度承诺，优惠政策无法落实，一些地方出现政府换届后“新官不理旧账”现象。

部分企业税费负担仍较重，办税流程复杂加重企业负担。近年来，随着降成本工作持续推进，大部分企业税费负担显著下降。但由于政策设计和执行中存在的问题，导致部分企业税收负担仍然较重。一方面，在大部分税种税率降低的情况下，有些企业综合税收负担并没有显著下降。在财政收入放缓的大背景下，收过头税、巧立名目增设新收费项目、在税收征收中过度监管和过度执法的现象仍然存在。另一方面，企业还需要面对办税流程复杂等问题。有的地方政府对承诺的税收返还政策执行不到位，或者对税收返还施加各种附加条件。有的地方办理出口退税流程复杂、时间长，大量出口退税被扣押不仅影响企业利润，也造成企业资金周转不畅。

（二）市场体系不健全存在五大体制根源

体制机制不健全是现代市场体系各方面问题的深层次原因。建设现代市场体系，必须从体制机制上下功夫。当前，在我国建设现代市场体系过程中，产权、信用、市场监管、市场自由竞争、财税与绩效考核等方面仍面临一定的体制约束。

根源一：产权保护不严格

当前，产权领域的突出问题既有产权制度设计中先天不公平的问题，也存在产权制度落实中的保护不力问题。产权保护不力在一定程度上制约了企业经营和消费者消费的自主性，也影响了商品和要素的自由流动，还有可能阻碍市场公平竞争，进而成为制约市场机制发挥作用的重要瓶颈。

一是产权法律体系尚不完善，侵害产权行为时有发生。在部分地区，利用公权力侵害私有产权、违法查封扣押冻结民营企业财产等现象时有发生，利用刑事手段插手经济纠纷的现象在一定程度上仍然存在。相当一部分企业家对自己的财产缺乏安全感，对企业发展前景缺乏稳定预期，投资兴业意愿低落。

二是部分产权纠纷案件久拖不决，难以及时依法处置。这些案件的形成有历史原因，但也反映出司法程序复杂，司法效率不高等问题，影响了企业的正常生产经营，在部分企业家群体中引发了悲观预期。

三是针对不同产权形式存在各种歧视性做法。在一些地区和一些特定行业，由于产权属性不同，不同所有制的企业往往被分为三六九等，民营企业受到歧视的情况时有发生。

根源二：信用体系不健全

信用是市场经济的基石，健全社会信用体系是市场体系有效运转的基础。市场信用机制不健全是影响要素市场化配置、抬高制度性交易成本的重要原因。

一是信用方面的法律法规不健全。从立法角度看，相关部门及地方规章建设水平不一，有的还相对滞后。由于缺乏规范，一些缺乏信用、扰乱市场秩序的企业混同于恪守信用、遵纪守法的企业中间，最容易导致市场主体出现“劣币驱逐良币”现象。由于信用体系不完善，企业就会更加倾向于通过损害信用来获取短期收益，进而导致市场秩序混乱。

二是社会信用信息的共享机制和管理体制有待进一步完善。行政管理的条块分割限制了信用信息的共享，各部门信用信息资料的互联互通水平有待进一步提升。目前，在联合惩戒方面已取得显著进展，但在信用修复、异议处理等方面仍存在部门之间、地区之间、不同层级之间沟通不畅的问题。此外，在信用评价标准、信用修复程序等方面也存在部门之间、区域之间的差异性，在一定程度上影响了市场的统一性。

根源三：市场监管不到位

市场监管是弥补市场失灵，保障市场有效运行的有力手段。我国的市场监管体系正在逐步完善，但仍存在多方面的问题。监管体系不完善放任了不规范和不正当竞争行为，成为发展过程中面临的重要体制短板。

一是多头监管和竞相监管加重了企业负担。在新一轮机构改革中，市场监管的统一性得到大大加强。但在部分领域，仍存在多头监管问题，在一些业务有交叉的领域也可能涉及多个监管部门。多头监管下，不同部门各自出台的规定或政策一旦存在分歧，企业就可能无所适从。部门还存在信息沟通不畅的情况，各个部门可能对同一项监管工作重复检查，为应对同一监管事项企业需要付出多重成本，加重了企业负担。

二是部分领域仍然存在监管空白和监管失灵。在一些新兴领域，由于政府监管在制度设计、人员配置等方面未能跟上行业发展的步伐，导致部分领域出现了监管空白。在监管空白的领域，往往存在市场主体无序竞争、市场秩序混乱的问题。在另外一些领域，由于监管部门与被监管机构存在利益关系，或者是地方政府为促进本地发展放松监管，导致出现监管失灵问题。存在监管失灵的地方，往往会出现企业之间不公平竞争、产品和服务质量难以保障、环境保护不严格导致的负外部性难消除等问题。

三是宏观调控政策和监管政策功能混淆，“运动式”监管影响企业正常生产经营。我国监管政策有时候承担了一定的宏观调控职能，通过“运动式”监管来实现宏观调控目标在我国时有发生。“运动期间”监管部门往往觉得监管力度越强越好，政策越严越好。各个部门竞相出台政策，各地层层加码，实施暴风骤雨式的监管政策。如果某一行业成为重点监管对象，短时间内各类机构纷纷上门监管，直接影响企业正常生产经营活动。“运动式”监管之下，决策部门与市场之间缺乏政策沟通机制，政策制定者既没有时间，也缺乏渠道与市场主体进行沟通，在市场出现预期之外的变化之后往往缺乏科学的应急预案。结果导致市场的正常调节机制难以发挥作用，也不利于市场体系方面的长期制度建设。

根源四：行政垄断未打破

行政性垄断往往表现为滥用行政权力排除和限制竞争。行政性垄断直接破坏市场竞争，导致生产要素无法按市场规则有效配置。

一是存在政府部门参与和庇护下的行业横向垄断协议。在政府部门庇护甚至主导下，使某些特定行业内的主要企业达成协议或默契，在市场交易行为中采取相同的价格标准，或者强制性销售某种产品或服务，对消费者权益和相关企业利益造成损害。如某地保险行业协会在政府部门的发文支持下，规定其几个特定类型险种的价格标准区间，这种行为属于非常明显的行政性垄断行为。

二是设置地区封锁性市场壁垒。地区封锁性行为即地方保护主义，或者说地方市场分割造成的排他性行为，通常表现为对外地商品设定歧视性收费项目、实行歧视性收费标准或规定歧视性价格，排斥或者限制外地经营者参加本地的招标投标活动，以及限制其在本地投资或者设立分支机构，又或是阻止本地的原材料或特殊产品销售到外地等。这些行为限制了外来企业参与本地市场竞争。

三是针对单个企业颁布排他性规定。由于有些行业的市场结构特征，在一个地方只有一家企业垄断经营。一旦这些企业和政府合谋，便会出现针对单一企业颁布排他性规定的行政性垄断行为。如某地交通大队为了推进所谓的智慧交通建设，发文规定全市的车辆只能安装由某个公司提供的电子识别系统。这种指定交易行为限制了特定领域的竞争，也影响了商品和要素的市场化配置。又如，在电力市场，部分省市以规范新建住宅供配电设施安装市场秩序为名，实施了以“统一安装，统一收费”为主要特点的“新居配”政策。该政策指定供电企业统一建设新建居民住宅小区供配电设施，并按区域统一设定收费标准的做法，涉嫌滥用行政权力排除、限制竞争，随后被反垄断部门全面叫停。

根源五：财税与绩效考核体制存在弊端

地方保护问题由来已久，已经成为妨碍市场统一性的重要障碍。地方保护表现为地方政府为维护本地方利益，实施各种违背市场规律、破坏市场基本运行规则的行为，其根源在于“分灶吃饭”的财政体制与不良政绩观下的“GDP 竞赛”。

一是在现行央地财政关系下，地方政府有较强动机让各类企业把各种税收留在本地。现行体制下，地方政府有相对独立的财权和事权，财政状况的好坏直接关系地方经济利益，良好而可持续的财力水平是地方政府参与发展“竞赛”的重要支撑，从而也成为各类地方保护行为发生的真实动机。地方政府在实施产业政策时，倾向于更多补贴能够成为其稳定税源的本地企业和项目。部分地方为了将税收留在本地，要求外来企业必须在本地设立子公司从而在当地纳税，或以行政手段阻挠外来企业并购本地企业，以重复检查或双重标准妨碍跨区连锁经营等。

二是地方政府绩效考核中过度关注经济增长，导致地方出现“GDP 竞赛”。在部分地方的政绩考核中，经济增长占据了较高权重，在部分官员中引发了不良政绩观。这使得地方政府之间存在类似市场主体的竞争性，竞争一旦失序失规，引发恶性竞争，就会导致地方保护主义。有些地方为了引进企业促进眼前的经济增长，无偿或低价转让土地使用权，放任中低端行业持续低水平扩张，导致了经济下行阶段过剩产能“久去不绝”的顽疾。在地方公共资源配置和公共项目招投标过程中，有些地方为使本地企业中标，存在与当地企业合谋串标、设计外来企业陪标及设置各式排他性门槛等暗箱操作行为。

五、建设高标准市场体系的思路和目标

高标准市场体系建设与健全是一项长期而复杂的系统性政策工程，应该适应我国高质量发展的本质要求和现代化经济体系建设的迫切需要，遵照我国市场化体制改革的基本导向，按重点和分步骤推进，力争在21世纪中叶形成支撑社会主义现代化强国发展的具有时代特征的现代市场体系。

（一）基本思路

深入贯彻习近平新时代中国特色社会主义思想，按照全面深化经济体制改革的总体部署，使市场在资源配置中起决定性作用，更好发挥政府作用，建设和完善法治化、信息化、国际化、系统性、高效性、创新性的高标准现代市场体系，着力补齐主体活力不足、配置机制不完善、市场准入不畅通、竞争规则不公平、营商环境不优等五大“发育短板”，夯实产权制度、社会信用、市场监管、竞争政策、财税体制等“制度基石”，促进“市场准入畅通、

市场开放有序、市场竞争充分、市场秩序规范”①，实现“产权有效激励、要素自由流动、价格反应灵活、竞争公平有序、企业优胜劣汰”②，为构建现代化经济体系和推动经济高质量发展打下更为坚实的市场基础。

（二）重大导向

我国市场体系建设是在全球经济变革的大环境和国内改革开放大背景中推进的，因此，必须契合我国国情，符合现代理念，切合国际趋势。具体而言，高标准市场体系的建设与完善应该遵循以下几个方面的重大导向。

坚持竞争培育与政府治理并行。高标准市场体系建设要平衡好市场与政府、竞争与治理的关系，一方面要完善高效的市场机制和倡导竞争的市场环境，另一方面要不断完善政府对市场的治理，既切实防止市场失灵，又有效避免政府失灵，核心是要通过走法治化道路约束政府和治理市场，使现代市场体系中政府部门行为和市场主体行为有规可循和依规运行。

坚持存量调整与增量创造并举。我国市场经济体制的建设与完善是在改造计划经济体制的基础上完成的，应该秉承四十余年我国市场体系培育的经验，积极推进存量市场的机制改革，同时大力推动增量市场的机制创造，以存量促增量，以增量带存量，由易到难、由外及内，有效促进现代市场的发育成熟。

坚持国际对标与动态演进并重。高标准市场体系建设必须借鉴国际市场培育经验和对标成熟市场经济国家市场体系现实状态，但是在新的国际环

① 新华社．习近平在中共中央政治局第三次集体学习时强调 深刻认识建设现代化经济体系重要性，推动我国经济发展焕发新活力迈上新台阶［N］．人民日报，2018-2-1.

② 习近平．决胜全面建成小康社会 夺取新时代中国特色社会主义伟大胜利——在中国共产党第十九次全国代表大会上的报告（2017 年 10 月 18 日）［N］．人民日报，2017-10-28.

境和技术背景下，其他主要国家市场体系也处于不断演进和互动中，因此我国高标准市场体系建设既要对标现有成熟市场经济国家的经验，也要与全球主要国家市场动态演进方向对齐，同时符合我国市场发展的长期逻辑，呈现出适度超前和持续变化的状态与特征，以适应新的国际主流趋势和自身发展需求。

坚持市场放开与扩大开放并进。在四十余年的改革开放过程中，市场壁垒的消除与市场开放的拓展是同时进行并一脉相承的，未来我国高标准市场体系建设依然要秉承市场准入畅通与市场对外开放同时推进的思路，一方面通过融通外部市场促进内外要素资源的顺畅融通，另一方面通过市场准入改革使得外部要素进入后能够“留下来”和发挥更大作用，同时打通“国境壁垒”和“市场壁垒”，真正实现我国高标准市场体系的统一开放。

（三）主要目标

1.“十四五”目标

到 2025 年，市场主体活力持续释放，要素市场自由程度不断提高，市场开放水平显著提升，政府职能转型步伐更快，竞争政策基础性地位基本确立，营商环境明显优于相同发展阶段的新兴市场国家，高标准市场体系的系统性、高效性、创新性特征逐渐突显，法治化、信息化、国际化程度显著提升，资源配置效率和公平性大幅提高，高标准市场体系日益完善。

2. 中远期目标

到 2035 年，市场主体活力充分释放，要素市场自由和市场开放程度达到较高水平，政府市场治理能力大幅提升，竞争政策基础性地位进一步确立，商品和要素流动自由度极大提升，高标准市场体系日趋成熟。在此基础上，到 2049 年，市场体系成熟度在全球处于第一方阵，市场主体活力极大释放，市场开放的水平、领域和范围以及政府治理水平优于大多数中等发达国家，竞争政策基础性地位完全确立，市场体系的系统性、高效性、创新性特征极为突出，法治化、信息化、国际化程度位居全球前列，市场在资源配置中的决定性作用得以充分发挥，高标准市场体系完全成熟并进入动态优化演进阶段（见图 1-4）。

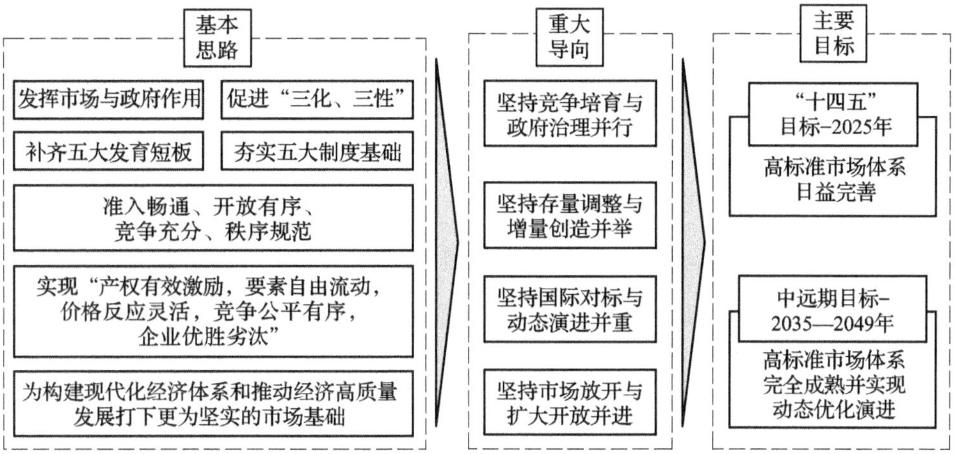

图 1-4　完善高标准市场体系的思路和目标

资料来源：课题组整理。

六、建设高标准市场体系的任务和举措

展望未来，在加快建设和发展重点市场的同时，需要大刀阔斧地改革市场体制机制，削弱信息不对称、负外部性等市场失灵和各类行业垄断、行政垄断引致的负面影响，规范市场竞争秩序，提高市场运行效率，为高标准市场体系建设和经济稳定可持续发展夯实制度基础。增强各类市场主体活力，着力提高要素市场化配置效率，确保各类主体准入通畅，彻底改善营商环境，加快深化产权制度和社会信用制度改革，推动市场监管现代化，同时深入推进“放管服”、财税、金融、户籍和社会保障等体制改革作为配套政策，由表及里、由外到内，充分疏导阻碍高标准市场体系发展的深层次体制机制问题。

（一）有的放矢、务求落实：着力补齐高标准市场体系建设的五大短板

1. 针对妨碍市场主体活力释放的痛点难点，深化垄断行业和国企改革

关键是要尊重和放活各类市场主体，以优化市场主体运营的外在环境和强化内在激励为重点全面激发各类市场主体活力。要千方百计把市场主体保护好，激发市场主体活力，弘扬企业家精神，推动企业发挥更大作用实现更大发展，为经济发展积蓄基本力量。

一是加快纠正源自行政垄断的国企垄断所造成的市场扭曲与资源错配。国有资本在涉及国家安全和经济命脉的关键领域要更有担当作为，要适时、逐步退出房地产等一般竞争性领域，通过深化国企战略布局调整而释放更多要素资源与市场空间为民营市场主体创新创业所用。为了促进市场公平竞争，需要对部分国有企业的纵向一体化结构进行拆分，并逐步剥离其竞争性业务。例如，作为电信、电力、铁路等大型技术网络的运营商，应当逐步剥离设备制造等一般竞争性环节，避免“大用户垄断”对非国有设备企业采购和招标产生歧视或排斥。深化国企集团体制改革，给予集团下辖各级竞争性国企更多自主经营权，探索使用更多激励性监管措施，既能促进国有资本保值增值，又能更好地保障公益目标与竞争中立性。

二是行政权力不得以任何形式干预企业决策和运营，为企业彻底松绑和减负，确保企业成为真正意义上的市场主体。在新的历史背景下，要强化关于民营经济定位的理论研究，从理论高度给予民营经济更精准的定位，注重理论与实践相结合，促使所有支持举措落地生根，真正打破“玻璃门”“弹簧门”“旋转门”等体制藩篱。创新发展各类混合所有制经济，尽可能扩大民间投资者持股比例，确保话语权和一定支配力，条件成熟时鼓励民营企业控股，增强股份公司拼搏进取的斗志。大力弘扬优秀企业家精神，激发和呵护企业家创新创业的内生动力，千方百计解除他们创业守业的后顾之忧。尤其要稳定企业家预期，加快纠正涉及企业和企业家的冤假错案，同时避免出现新的侵犯行为，务求形成扶正纠偏长效机制。

2. 提升要素市场化配置的质量和水平，理顺价格打造共同市场

破除限制要素自由流动的制度藩篱，推动要素市场化配置，实现要素自由流动，把要素配置到产生边际回报最高的领域，不断提升劳动生产率、全要素生产率。

一是理顺要素价格形成机制，该放要放到位，该管要管好。对于实行市场调节价的行业和领域，保障市场主体自主经营权利，彻底减少政府对企业经营行为的不当干预，尤其要杜绝政府对企业定价行为的直接干预，纠正以补贴、配额等方式扭曲市场价格的行为。在仍然实施政府定价的具有自然垄断性质的管网型资源要素环节，要建立科学的现代化价格监管机制，明确成本监审规则，务求提高定价科学性与透明度。

二是推动可竞争性要素市场的主体多元化，避免特定要素领域一家独大或少数几家企业瓜分控制市场的情况。防止市场集中度过高导致的串谋涨价、漫天要价、囤积居奇等垄断和不正当竞争行为，强化要素领域的市场竞争，逐步形成充分反映要素稀缺性的价格体系和机制，进一步提升要素配置效率。

三是推动多品种多层次融合发展的要素资源共同市场建设。加快发展定位明确、布局科学、辐射面广泛的新型交易平台，充分发挥其在撮合交易、发现价格、传递信息、保障信用等方面的功能。形成公正合理、健康有序、监督管理严格的交易规则，确保各类市场主体在平台上公平交易自由竞争。在京津冀、长江经济带等推广要素资源一体化、建立要素资源共同市场的经验，制定完善统一交易规则和交易保障机制，统一电子交易服务标准化系统。吸引更多市场主体和要素资源主管部门参与交易平台和共同进行市场建设、运行与维护，鼓励交易主体可以跨区自主选择交易市场或平台，充分激发市场活跃度和有效性。

四是持续深化重点领域要素市场化和配套体制改革。土地市场方面，重点是深化农村土地制度改革，完善承包地“三权分置”制度，允许农村集体经营性建设用地通过出让、租赁、入股等方式入市交易。加快建设城乡统一的建设用地市场，实行与国有土地同等入市、同价同权。金融市场方面，全面增强金融服务实体经济能力，进一步提高直接融资比重，促进多层次资本市场长期健康发展。重点是优化金融市场的风险定价机制，使资本回报与其风险相匹配。劳动力市场方面，重点是破除妨碍劳动力、人才社会性流动的体制机制障碍，完善人才跨市场、跨地域流动的配套保障措施，促进农民工及其家属享有市民化待遇。技术市场方面，打造符合国际惯例的技术市场促进体系，建设跨区域跨部门的科技大市场，发展技术跨界转移的高质量服务网络，增进资质互认、成果对接和资源共享。借助互联网打造动态实时、信息对称、交易透明的多层次交易平台，提升线上线下技术交易活跃度。

3．提高重点领域市场准入便利性和畅达性，真正拓宽民营经济发展空间

彻底解决市场准入壁垒“虚低实高”等问题，尤其是击破各类隐性壁垒，

确保各类市场主体准入通畅。首要是加快贯彻落实全国统一的市场准入负面清单制度，实现从理念到实践的根本性转变。使国有、民营、境外资本都可以进入没有明令禁止的即负面清单之外的各个领域和环节。只有负面清单的内容与时俱进、动态调整，逐步做到清单“少而精”“简而精”，才能真正激发市场主体活力，体现现代市场体系高效运行的精髓。对于可以发挥市场机制作用的可竞争性业务和环节，应逐步移至负面清单之外。对于网络型自然垄断业务和环节，只要不涉及国家安全和重大公共利益，改革步伐可以迈得更大一些，可以加快推出一批鼓励非公资本参与的示范项目，逐步促成或倒逼垄断业务和环节放开，条件成熟时将其移出负面清单。对于负面清单之外的行业和领域，亟待建立防范已取消或下放审批权变相反弹的长效机制。当前，关键是要下更大力气降低民间资本进入重点领域的门槛，结合生态环保、交通能源、基础设施、货币金融、养老医疗、文化体育等领域发展的实际需要，向民间资本集中推介一大批商业潜力大、投资回报机制明确的项目，强化民间投资的激励机制，放宽民间资本投资的股比限制，条件允许的情况下，支持民间资本控股。

4. 着力夯实竞争政策的基础性地位，强化公平竞争审查反行政垄断

通过预防和制止各种垄断行为与不正当竞争行为，维护好公平有序的竞争秩序，以竞争激发创新，提升消费者福利，消除垄断的福利损失。以落实竞争政策和加强反垄断执法为抓手。

一是健全完善经济政策体系，形成“竞争为先、公平为本”的经济政策环境。把竞争政策作为各项经济政策的基石，把公平竞争作为政策制定的基本理念，加强竞争政策与产业政策、投资政策、规制政策的衔接协调，建立竞争政策与其他政策之间的事前协商和事中衔接机制。

二是加快反垄断方面的补充立法，针对垄断行为多发的行业，针对知识产权等特定问题，针对网络经济、平台经济、共享经济等新经济形态，结合反垄断工作推进的实际，制订完善相应的反垄断工作指南。

三是进一步推动反垄断执法常态化，以执法推动普法。通过加强反垄断执法来防止垄断企业滥用市场支配地位排除和限制竞争，防止具有竞争关系的企业之间达成垄断协议，制止具有排除竞争影响的经营者集中。在竞争政策执法机构已完成整合的基础上，着力提升竞争政策实施的统一性、独立性、专业性和权威性。

四是强化公平竞争审查的指导、督查和考核工作。确立公平竞争审查制度主要是防止滥用行政权力破坏市场公平竞争，针对当前公平竞争审查推行过程中自审自查存在的效力不足等问题，强化公平竞争审查的考核与追责机制设计，把公平竞争审查的工作情况作为绩效考核的依据，探索将公平竞争审查与政策合法性审查并列或合并以提高执行强制力。

五是持之以恒地加强竞争倡导。进一步加强公平竞争的宣传教育，推动公平竞争理念真正深入人心，政府部门自觉贯彻公平竞争原则，企业自觉维护公平竞争秩序，倡导公平竞争观念和意识，培育全社会的公平竞争文化。

5．抓好政策落实和优化服务体系，增强营商环境对所有主体的友好性

一是针对企业反应最强烈、舆论关注度最高的突出问题开展专项治理。重点整治违反收费清单及收费标准额外设立收费项目及高收费行为，强制或变相强制企业缴纳会费、活动经费行为，向企业摊派、索要赞助以及强制企业捐赠等行为。针对企业办理业务时间成本高的问题，重点整治审批服务人员业务不熟，服务质量差，有章不循，不作为、慢作为，懒政怠政，推诿扯皮行为。针对部分地方政府诚信缺失问题，重点整治“开门招商，关门宰商”

等行为、不兑现政府招商引资的政策承诺行为、政府拖欠企业承建政府工程项目工程款行为等。

二是以减费降税和畅通融资为重点，持续减轻实体企业尤其是民营中小企业的经营成本负担。进一步研究加大制造业减税力度，降低实体企业的实际税收负担，切实贯彻贷款优惠举措，多措并举根治融资难融资贵等体制顽疾。同时，引导民间投资更加理性化，提高资金利用率，主动降低生产经营成本。消除各类行业政策尤其是涉企政策在实施过程中存在的偏差，提升政策有效性和高效性。强化支持民营经济系列政策的系统性与连续性，出台新政策时要充分论证并征求相关市场主体意见建议，设置必要的过渡期，避免出台类似“一刀切”的政策，以稳定和增强民间投资者及民营企业的政策预期和抗风险能力。

（二）完善基础制度体系配套，夯实高标准市场体系建设的制度基础

1. 加快推动产权制度改革，强化产权有效激励和侵权惩戒力度

加大产权保护力度，激发企业家创新创业的热情和企业员工诚实劳动合法经营的积极性，促进各类要素资源自由流动与高效融通，使社会各阶层充分享受高质量发展带来的收益。

一是把产权保护切实纳入全面依法治国的制度框架，严格依法行政，杜绝公权侵害私权。全面落实物权法，完善不动产物权登记制度，明确一切产权的变动、限制或剥夺，都需要通过法定程序和法定方式来完成。国家为了公共利益征收征用公民合法财产，应严格限定范围，合理支付补偿。以契约自由维护产权交易的公平公正，保障公民以产权实现财富增值的权利，不断

提升全社会的信用水平。针对个别部门和地方产权保护不力问题，重点整治公共部门侵占企业财产行为、违法查封扣押冻结企业财产、拒不执行法院判决等行为，以及财产案件久拖不决或不依法判决的行为。

二是以“确权”为目标加快推动资源要素产权制度改革，明确产权归属和收益主体，从根本上促进要素资源有效交易。推动自然资源产权制度改革，明确资产所有者和监管者，建立和实施自然资源有偿使用制度，按照市场交易规则健全交易平台，完善价格形成机制等。让自然资源真正转变为可流动、可交易、有交易价值属性的资产，在全国统一的市场体系和交易平台上，为真正的市场主体创新创业所用。

三是加强知识产权保护，着力完善自主知识产权保障体系和标准框架，促进国内国际两个科技市场、两类科技资源顺畅交易、互通有无。在国内，加大对侵犯知识产权、假冒、盗版行为的处罚力度，重点查处制假源头、重复侵权、恶意侵权等违法行为，提高侵权行为的法定赔偿上限，建立知识产权方面的惩罚性赔偿制度。推进知识产权保护中心建设，动员全社会力量和资源，创新该中心的运行机制。在国外，亟待建立和完善知识产权海外维权保障机制，在不侵权方面严格自律，同时也要有不被侵权的预防保护意识，提升我国企业海外维权能力，以更好地化解海外市场风险。

2. 强化社会信用和社会监督体系建设，确保市场主体行为规范有序

夯实社会信用体系的基石作用，积极引导和监督市场主体的自律行为，加大失信惩戒力度。

一是巩固和拓展全国信用信息平台建设成果，充分利用“互联网＋大数据”的征信体系，对市场主体进行多维度信用评价，务求信用评价结果的联合运用取得实效。将信用评价依据从银行信贷拓展至司法执行、食药安全、

环境保护、安全生产、税收征缴等各个领域，鼓励公共部门利用信用评价结果广泛开展跨部门的守信联合激励和失信联合惩戒合作，强化重点领域失信黑名单和禁入名单的互联互通，对违法失信主体依法予以限制或禁入，持续加强和规范对失信主体的信用监管，真正实现“一处失信、处处受限”。

二是积极拓展公众参与市场体系治理的范围和渠道。无论是由立法机构颁布的法律、政府部门发布的实施规则还是由监管机构制定的执法细则，都必须有实质性公众参与，需经过相关利益方充分讨论方可实施。进一步完善行政许可和行政处罚信息公示制度。针对消费侵权热点问题和典型侵权行为，建立政府部门、市场主体、社会组织、新闻媒体、司法机关等多元共治的消费维权和监督体系，联合开展诚信缺失治理。大力发展能够真正代表消费者利益的新型专业性消费者协会，鼓励消费者组织积极参加相关决策论证会或听证会，提高消费者群体的集体协商能力。以多种方式推动企业主动披露相关的社会责任信息，自觉纠正威胁公共利益甚至公共安全的行为。在企业外部，由监管机构或行业协会公开选聘具备专业知识的资深人士或社团代表，定期参加现场抽查、安全监督会议；在企业内部，指定质量安全监督员，对原材料入厂、生产现场进行实时监督，必要时，监管机构重奖据实举报者。

3．全面推动市场监管现代化，以高质量监管确保市场统一和公共安全

建立健全全国统一实施、上下衔接配合、公众广泛参与的监管改革推进机制，着力提升市场监管能力和质量。

一是强化中央统一领导和顶层制度设计。可考虑借鉴国外经验，结合国情，在中央层面成立监管质量改善委员会，探索建立与监管绩效挂钩的监管部门预算管理机制。推进主要市场监管机构及职责的法律授权或认定工作；协调分领域设置的国务院议事协调机构（如食品安全委员会、反垄断委员会、

安全生产委员会等）协同开展工作，制定部门之间监管政策信息共享准则，制定监管机构的自由裁量权基准；在重大监管决策出台前，组织开展基于成本—收益分析的监管影响评估；负责审议主要监管机构提交的年度报告，并据此调整监管机构下一年度的部门预算。地方政府成立相应的监管质量改善委员会和考核监督机制，直接向省委或省政府负责，以反对地方保护为重点开展统一的市场监管。一是要将环境保护生态安全、食品药品安全、安全生产重点项目列为重点民生工程，相关监管事宜由省委省政府督办。二是要清理各种与公共安全目标相违背的、违法实施优惠的地方“土政策”，以及干预统一执法的“保护伞”行为。强化地方政府和市场主体的守信激励与失信惩戒机制，落实重大公共安全事件责任终身追究制。

二是完善层次分明的监管法治体系，加强重点领域的系统性综合性立法推进工作。鉴于社会性监管领域修法已经基本完成，下一步需要修订或加快出台的法律法规主要集中于经济性监管领域，尤其是发布于 20 世纪 90 年代的价格法、电信条例、电力法等部门法、监管法亟待修订。在完善部门监管法的同时，还应探讨制定统一的“公用事业监管法”等综合性法律的必要性和可行性。完善立法是进一步破除垄断和保护有效竞争的重要前提。

三是按照行业技术经济特性、影响范围和财政责任，合理划分各级政府监管权限，建立能够发挥垂直管理与分级属地管理各自优势的混合体制。针对市场监管重点领域存在的难点问题，引入现代监管和系统安全理念，建立与监管对象和目标相适应的监管方法和工具。在公用事业监管领域采用激励性监管方法，激励企业提高效率、降低成本；在公共安全监管领域建立主体责任、风险评估、快速预警、追踪溯源等一整套严密且高效的监管程序与方法，以增强执法行为的可预期性。

四是着力强化质量监管，确保优质优价。重点通过完善市场规则使优质优价的产品和服务淘汰质次价高的产品和服务。加强产品质量立法、质量诚信体系、缺陷产品召回、产品论证等方面的制度建设，使劣质产品承担相应的成本与后果。把质量管理纳入信用体系建设，使生产高质量产品的企业获得信用红利，假冒伪劣产品的生产者接受联合惩戒。

4. 深化“放管服”改革，破除部门或地方的行政性垄断

当前，新一轮政府机构改革已经全面落实，“放管服”改革深入推进，从“放”和“事前管”转向“事中事后管”和深化服务，审批体制改革已从解决“审批多”向重点解决“审批难、审批慢”的方向过渡。

一是继续清理废除妨碍统一市场和公平竞争的各种规定和做法，尤其是加快废除制约市场体系现代化进程的陈旧法规法条和地方文件，同时推动约束市场规范运行的各类法律法规尽早出台或加快修订。

二是杜绝政府部门滥用行政权力排除和限制市场竞争。加强公平竞争审查，避免政府部门以破坏竞争的方式来实现政策目标。大幅削减与行政许可相关的前置中介服务事项，废止各种形式的“中介垄断”和“暗桩暗扣”行为。将政府对市场微观主体的干预降至最低程度，真正促进企业自主经营公平竞争。

三是持续深化“放管服”改革，以激发市场活力为目标进一步简政放权，大幅压缩企业工程项目全流程审批时间、进出口通关和退税到位时间。着力解决“审批难”，健全以高质量发展为导向的绩效考评机制，坚决问责各类不作为乱作为。引导和鼓励各地结合自身实际积极创新监管模式和机制，健全“双随机一公开”的基本手段，突出监管重点，切实推进联合监管，探索“互联网＋监管”新体制。促进服务全面提质增效，积极搭建一体化平台，提高服务精准度，持续开展各类沟通协调、减证利企便民行动，为创新创业营造良好政务生态。例如，针对因海关数据和税务数据统计口径不同而造成的“退税难、退税慢”等问题进行专项治理和疏通，以方便企业、优化服务为导

向，大力促进部门统计口径协调和数据互联互通。

5．强化财税、金融、户籍、社会保障等体制改革的协调配套，疏导阻碍市场体系现代化的深层次矛盾

财税和金融体制是建立健全现代化市场体系，尤其是培育全国统一大市场有序高效运行的重要保障。

一是深化财政体制改革，进一步理顺中央和地方财权、事权和支出责任，维护全国市场统一性，破除区域分割。探索优化中央和地方税收的分成结构，助力地方政府摆脱盲目招商引资和土地依赖症，同时纠正地方不合理的、过度补贴行为，从而纠正地方过度竞争造成的区域分割和地方保护行为，从根本上加快全国统一市场体系建设。同时因类施治，加快完善促进传统市场转型升级、新兴市场跨越发展、各类市场深度融合的财税保障制度。例如，探索由相关省（区、市）联合设立市场一体化发展促进基金，纳入各省（区、市）财政预算，专项用于联合推动市场一体化项目，重点投向跨区域重大市场基础设施互联互通、市场竞争环境联防共治、信息公共服务和共享平台、标准一体化改造工程等领域。探讨建立区域之间合理的税收利益共享和征管协调工作机制，逐步完善相关领域的横向转移支付制度。

二是深化金融体制改革，增进资本市场活跃度，促进资本自由流动，为整个现代市场体系运行提供切实有效的资金融通保障，避免单个市场风险滋生与交叉传染，促进现代市场体系有序运行。增加金融产品和服务供给，丰富金融机构体系和层次，尤其是扩大民间资本进入金融服务业的力度，全面拓展民营银行等民间金融机构业务发展范围。进一步健全多层次资本市场体系，大力发展直接融资，建立和完善主板、中小板、创业板和新三板市场之间的转板对接机制与退出机制。坚持发展普惠金融和多业态中小微金融组织，形成解决中小微企业融资难问题的长效机制；进一步规范发展互联网金融等

新业态，推动民间融资阳光化。健全金融宏观审慎监管体系与框架，完善统一监管规则，丰富监管工具箱和政策集合，促进监管决策机制更加公开化、透明化，强化监管监督和问责。

三是深化户籍和社会保障等制度改革，进一步破除阻碍人力资源和劳动力自由流动的深层次障碍。加快剥离户籍与福利的关联关系，真正形成不依赖于户籍的公共服务供给新体制；完善人口登记管理体制，加快以身份证为主的人口管理信息化进程；进一步推动农村土地、资源等资产市场化，着力提高农民工及其家属市民化程度；健全更加公平更可持续的社会保障制度，提升基本养老保险和医疗保险的全国统筹力度，加快实现全国统一保障标准和保障体系。

执笔：刘泉红

专　题　篇

第二章
中国特色现代市场体系的理论框架与运行机理

内容提要：市场体系是一个存在价格调节、由许多单个市场组成的具有内在联系的系统，是由市场主体结构、市场客体结构、市场运行机制、市场保障制度组成的综合体系。法治化、信息化、国际化、系统性、高效性、创新性是现代市场体系最为重要的六个特征，只有满足了这六个特征，才能实现市场准入畅通、市场开放有序、市场竞争充分、市场秩序规范，才能形成企业自主经营公平竞争、消费者自由选择自主消费、商品和要素自由流动平等交换的市场格局。现代市场经济体系是一个相互融合与协作的有机整体，现代市场体系是现代化经济体系的重要组成部分，其与现代化经济体系的其他层面有着极为紧密的关系，现代市场体系建设是实现产业体系升级的重要前提、实现收入分配体系完善的必要条件、实现城乡区域发展体系协调的机制保障、实现绿色发展体系构建的有效途径、实现全面开放体系优化的应有之义以及实现政府与市场协同的关键因素。

现代市场体系是资源配置的场所，是企业竞争的战场，是现代化经济体系运行的载体。党的十八届三中全会通过的《中共中央关于全面深化改革若干重大问题的决定》明确指出，要“加快完善现代市场体系”“建设统一开放、竞争有序的市场体系，是使市场在资源配置中起决定性作用的基础”。党的十九大也提出，“经济体制改革必须以完善产权制度和要素市场化配置为重点，实现产权有效激励、要素自由流动、价格反应灵活、竞争公平有序、企业优胜劣汰”，其实质也是加快推进现代市场体系建设。习近平总书记在2018年1月30日举行的中共中央政治局第三次集体学习中指出，“要建设统一开放、竞争有序的市场体系，实现市场准入畅通、市场开放有序、市场竞争充分、市场秩序规范，加快形成企业自主经营公平竞争、消费者自由选择自主消费、商品和要素自由流动平等交换的现代市场体系”。《中共中央 国务院关于新时代加快完善社会主义市场经济体制的意见》更是明确提出，要“建设高标准市场体系，全面完善产权、市场准入、公平竞争等制度，筑牢社会主义市场经济有效运行的体制基础”。这些文件和提法为未来我国现代市场体系建设提出了战略目标和实施方向。但是，现有研究对于现代市场体系，特别是中国特色社会主义经济体制下如何建设市场体系，以及如何在现代化经济体系框架内认识市场体系与其他体系关系，没有给出较为清晰的描述和明确的解释。因此，从理论上分析现代市场体系的概念内涵、中国特色现代市场体系的特征以及现代市场体系在现代经济体系中的位置与作用，有利于把握现代市场体系的理论分析框架，为我国现代市场体系建设制度构建和政策设计提供基础研究。

一、现代市场体系的概念内涵与理论框架

现代市场体系是一个较为复杂且具有较强政策性的概念，应该从市场体

系的概念出发，剖析其内涵与外延，分解市场体系构成要素，并以此为基础从现代性角度分析和研究现代市场体系的基本特征。

（一）市场、市场体系与市场经济

所谓市场，首先是一种交易行为或交易场所，在这个行为或场所中，买者和卖者为了买卖某种商品及让渡和获取某种服务等进行等价交换活动，同时，市场也蕴含有效配置资源的机制，包括供求机制、竞争机制和价格机制等。市场体系是一个存在价格调节、由许多单个市场组成的具有内在联系的系统。在这个系统中，既可以发生商品、货币、资本等有形物品的交换活动，又可以发生服务、技术、信息等无形物品的交换活动。完整的市场体系，包括各种市场主体、市场客体、市场机制、制度规范等。

市场经济是伴随现代经济学而发展起来的概念，总的来说就是指主要通过市场配置经济社会资源的形式，并由此形成的一种国家经济治理的模式。从人类经济演进历史看，形成了多种不同模式的市场经济，包括美英的“自由主义市场经济”，德国的“社会市场经济”、日本的“社团市场经济”、中国的“社会主义市场经济”等等，但是它们拥有一个共同特点，那就是在国家经济治理中，经济社会资源主要通过市场机制来配置，相关概念见表 2–1。

表 2–1　市场、市场体系和市场经济的概念比较

概念	内涵实质	分类
市场	一种交易行为或交易场所，在这个行为或场所中，买者和卖者为了买卖某种商品及让渡和获取某种服务等进行等价交换活动，同时，也蕴含有效配置资源的机制，包括供求机制、竞争机制和价格机制	按竞争程度，可以分为完全竞争市场、完全垄断市场、垄断竞争市场、寡头垄断市场；按交易对象，可以分为商品市场、技术市场、劳动力市场、金融市场、信息市场等

续表

概念	内涵实质	分类
市场体系	一个存在价格调节、由许多单个市场组成的具有内在联系的系统，包括各种市场主体、市场客体、市场机制、制度规范	按照成熟度，可以分为传统市场体系和现代市场体系
市场经济	主要通过市场配置经济社会资源的形式，并由此形成的一种经济治理模式	社会主义市场经济、自由市场经济（美国模式）、社会市场经济（德国模式）、福利国家市场经济（北欧模式）等

资料来源：课题组根据相关文献整理得出。

（二）市场体系的构成要素分析

根据上述定义，市场体系是一个复杂的系统，包括市场主体、市场客体、市场运行机制、市场保障制度四个层面，各层面相互支撑和关联，才形成了市场体系这一复杂的经济社会系统。此外，交易平台也在市场主体和客体之间发挥重要的联结作用。

1．市场主体

市场主体是指参与市场交易活动的生产经营者、生产要素提供者、消费者和中间商。本研究中，市场主体主要指市场交易活动的生产经营者，即各类企业主体，其都是自主经营、自负盈亏、自我发展、自我约束的法人实体和市场竞争主体，能够自主参加市场活动，根据市场信号进行生产经营决策。市场主体结构为市场体系运行提供了交易主体和参与者基础。

2．市场客体

市场客体是指进入市场的能够自由流动的各种商品、服务和生产要素等交易对象。市场客体是市场主体作用的对象，具有多样性特征，既有生产资料，又有生活资料；既有有形的商品，也有无形的信息、技术和服务。市场客体还具有动态性特征，其外延会随着经济发展和技术进步不断演进。市场客体结构为市场体系运行提供交易对象和物质基础。

3．市场运行机制

市场运行机制主要有价格机制、供求机制、竞争机制等。其中，价格机制是指在竞争过程中，与供求相互联系、相互制约的市场价格形成和运行的机制；供求机制是调节市场供给与需求矛盾，使之趋于均衡的机制；竞争机制是市场经济活动中优胜劣汰的机制。其中，竞争机制是市场运行机制的基础。市场运行机制为市场体系运行提供了基本机制与动态模式。

4．市场保障制度

市场保障制度是指为了保证现代市场经济高效有序地运行所必需的市场法规与制度，包括产权制度等市场主体的基本制度，市场信用、市场监管、公平竞争、反垄断等层面规范市场秩序的制度，以及防范市场风险和维护市场稳定的相关法律制度。市场保障制度为市场体系运行提供制度基础和政策环境。

二、现代市场体系的基本特征

所谓现代，是相对于“古代”或“当代”而言的历史和时代特征的概念。我们认为，现代市场体系是指与现代化经济体系相匹配，法治化、信息化、国际化趋势突出，系统性、高效性、创新性特征明显，能够实现市场准入畅通、市场开放有序、市场竞争充分、市场秩序规范，充分保证企业自主经营公平竞争，消费者自主选择自主消费，商品和要素自由流动平等交换的新型市场体系。可见，现代市场体系，既要具备一般市场体系的基本功能，又要把握新时代世情、国情的新变化和新要求。综合来看，现代市场体系应具有“三化三性”的基本特征。

（一）法治化

法治化是现代市场体系最为重要的基础性特征。从制度角度看，市场体系指的是一种多元共治、包容参与、公开透明、可问责的治理体系，强化市场法治、社会信用和市场监管等基础制度建设是现代市场体系建设的应有之义和重要支撑。现代市场体系建设中，商品流通、资源流动、产权保护以及竞争公平，都必须依靠强有力的法治化条件有序地进行，以促使各种市场交易的法律制度逐渐完善，市场监管法治化水平日益提高。

（二）信息化

当前现代市场体系信息化的趋势越来越明显，不仅各种创新性信息技术日益深度地融入各种交易对象和交易方式之中，而且借助层出不穷的各类信息技术的发展，各种类型的虚拟市场开始出现并且迅速发展。可见，市场体系的信息化是和数字化、虚拟化相联系的，而且随着区块链等信息技术的不断发展，未来市场可能出现一种去中心化的趋势。

（三）国际化

对每一个主权国家而言，现代市场体系发展到一定阶段，它的市场体系就不再是一个单纯的封闭的国内市场，而是变成全球化的统一市场，国内竞争国际化，国际竞争国内化，各个国家都会参与国际市场的竞争。通过与国际市场的广泛联系，积极参与国际分工和国际竞争，并按国际市场不断变化的信息来决定国内资源配置的方向，通过提升市场体系的国际化水平，从“小市场”走向“大市场”，实现市场开放有序。因此，国际化是现代市场体系的又一重要特征。

（四）系统性

现代市场体系是一个复杂的社会性体系，因此其具有系统性的典型特征。首先，现代市场体系的组织具有系统性特征，一方面其市场主体和客体体系完备，另一方面其主体与客体之间的关联组织性较强。其次，现代市场体系的机制具有系统性特征，价格、供求、竞争三大机制相互关联、协同运行且功能有效，能够形成有效的机制性系统。最后，现代市场体系的规则具有系统性特征，产权制度和信用制度、监管制度、公平竞争制度和反垄断制度，以及维护市场稳定、防范市场风险的相关法律制度，各制度自成体系又相互衔接，形成了系统化的市场治理规则体系。

（五）高效性

在法治化基础上，全球范围内贸易投资的自由化、便利化不断向前推进，再加上产业技术进步，特别是与现代物流和市场交易相关的运输技术、信息技术的进步，在有效降低交易成本的同时，也使市场交易的效率得到大幅提高。因此，高效性成为现代市场体系的典型特征。

（六）创新性

从全球来看，随着技术进步步伐的加快和管理水平的提升，现代市场体系中各种交易主体的组织制度、业态和商业模式都在不断创新；同时，各种交易对象的品种、形态以及交易方式，也在不断创新。而且，这种创新的态势还呈现出一种不断加速的趋势。因此，创新性也是现代市场体系的主要特征之一。

三、现代市场体系与现代经济体系其他层面的关系

现代市场体系是我国经济运行与发展的重要载体，如果没有健全的市场体系，现代化经济体系的其他层面就失去了依托，因此现代市场体系是我国现代化经济体系的重要运行基础。建设和健全统一开放、竞争有序的现代市场体系，是实现党的十九大提出的社会主义市场经济体制三大特征即市场机制有效、微观主体有活力、宏观调控有度的重要保障，由此也是完善社会主义市场经济体制的基础条件。现代市场体系的建立和健全对于其他体系乃至整个现代化经济体系的建设也起着至关重要的作用。

（一）现代市场体系建设是实现产业体系升级的重要前提

首先，培育有竞争力的市场主体，为现代产业体系建设提供活力迸发的企业主体。企业不但是实体经济的参与者，也是科技创新的承载主体和现代金融的操作主体，同时也是高质量人力资源的聚集组织，是实体经济、科技创新、现代金融、人力资源协同发展的重要平台，为现代产业体系建设提供

微观主体活力。其次，形成配置合理的要素市场，为现代产业体系建设提供自由流动的要素条件。要素市场是优化现代产业体系投入结构的重要平台和机制，要实现实体经济、科技创新、现代金融、人力资源协同发展，就必须构建流动自由、价格合意、配置高效的一体化要素市场。最后，构建公平竞争的市场机制，为现代产业体系建设提供竞争有序的市场环境。竞争有序的市场体系能够有效配置经济社会资源，从而使现代产业体系的生产更有效率；竞争有序的市场体系也可以通过竞争激励，推进新技术和新模式创新，为现代产业体系发展提供重要的外部环境。

（二）现代市场体系建设是实现收入分配体系完善的必要条件

现代市场体系为现代收入分配体系建设提供要素均等条件以及公平竞争保障。一是建立机会均等的要素市场，在现代市场体系建设过程中，通过促进要素，特别是劳动力要素自由流动、就业机会公平、报酬待遇平等，从而为现代收入分配体系建设提供要素均等条件。二是营造公平配置的市场环境，为现代收入分配体系建设提供公平竞争保障。各类市场主体公平竞争，不仅能促进各类主体实现按贡献分配，体现了现代经济的分配效率，并且能通过二次分配体现公平原则。

（三）现代市场体系建设是实现城乡区域发展体系协调的机制保障

现代市场体系为城乡区域发展体系建设提供要素自由流动和协调一体化发展的条件。一是构建城乡统一的要素市场，为城乡区域发展体系建设提供要素自由流动的条件。通过现代市场体系的建设，加快形成以流转自由和同价同权为特征的城乡一体化土地市场，以及自由流动和身份认同的城乡一体化劳动力市场，实现要素在城乡间自由流动、高效配置，为城乡区域发展体系协调发展提供重要的条件。二是形成区域一体化的市场体系，清理废除妨碍各地统一市场和公平竞争的各种规定和做法，有利于市场主体、商品和要素区域间流动，为城乡区域发展体系建设提供协调一体化发展的条件。

（四）现代市场体系建设是实现绿色发展体系构建的有效途径

现代市场体系为绿色体系建设提供生态价值实现基础、基础投入要素保障和绿色产业运行环境。首先，确立绿色资源产权体系，通过构建商业化绿色市场，如碳排放交易市场或林权市场等，确立绿色生态资源与产品产权归属，实现绿色生态资源与产品商品化，由此为现代绿色发展体系建设提供生态价值实现基础。其次，建设绿色要素市场体系，为现代绿色发展体系建设提供基础投入要素保障。绿色体系投入周期长、回报慢，因此要针对这类经济体系设计专门的要素市场机制，尤其是建立与完善绿色金融市场。最后，构建绿色生态市场机制，通过设计包括横向生态、纵向补偿机制在内的生态反哺机制，并以市场手段促进生态补偿机制的市场化，为绿色发展体系建设提供绿色产业运行环境。

（五）现代市场体系建设是实现全面开放体系优化的应有之义

加快建设开放型市场体系，实行准入前国民待遇加负面清单管理制度，通过与国际市场的广泛联系，实现市场的交易规则、交易方式和交易手段与国际市场接轨，积极参与国际分工和国际竞争，并按国际市场不断变化的最新信息来决定国内资源配置的方向，促进我国商品市场体系建设融入国际市场的发展潮流，充分利用国内、国际两个市场、两种资源。通过促进开放型市场体系的建设，为优化多元平衡、安全高效的全面开放体系提供重要的市场层面的机制基础。

（六）现代市场体系建设是实现政府与市场协同的关键因素

现代市场体系是政府与市场关系协调的重要载体，其建设方向关系到政府与市场在经济活动中的分工与互动。现代市场体系的建设要充分发挥市场作用、更好发挥政府作用，最终实现市场机制有效、微观主体有活力、宏观调控有度，从而为理顺和协调政府与市场关系提供基本条件。

执笔：曾铮

第三章
我国现代市场体系建设进程评价

内容摘要： 无论是从成熟市场经济国家市场体系发展历程来看，还是各类市场在我国现代市场体系中发挥的作用来看，商品市场、资本市场和劳动力市场都是推动健全符合现代化经济体系要求的现代市场体系的基础性构件，是现代市场体系的核心。为准确评估我国现代市场体系建设进程，本研究从市场体系的概念、构成及其特征和目标出发，选择商品市场体系以及资本和劳动力市场两个要素市场体系作为测度对象，分别从统一性、开放性、竞争性和有序性四个维度，科学遴选客观的统计指标，设计可量化的指标指数体系，对改革开放以来我国商品市场体系、要素市场体系以及整个市场体系成熟度进行全面量化评价。测度结果显示，截至2019年，我国市场体系总指数达到0.755 6，相对1978年的0.037 6，年均增速达到7.6%；各类市场体系都对现代市场体系发展作出了贡献，但各自的贡献度存在显著差异。与此同时，在梳理和总结未来我国健全完善市场体系政策安排的基础上，本研究设置了基准、次乐观和乐观三种情景，对2020年至2035年我国市场体系成熟度总指数进行预测，结果发现，到2035年，三种情景下，我国市场体系成熟度总指数分别为0.780 1、0.805 4和0.831 5。最后，针对量化结果显示出的我国市场体系建设在统一性、开放性、竞争性、有序性方面存在的主要问题，提出了进一步健全完善现代市场体系的对策建议。

一、引　言

建立健全现代市场体系，是发挥市场在资源配置中起决定性作用的最重要前提，是完善社会主义市场经济体制的基础性条件和重要内容。改革开放40多年的实践证明，从引入市场机制到建立健全现代市场体系，是我国经济体制改革的一条重要主线（张卓元、房汉廷、程锦锥，2017），是社会主义市场经济健康运行的重要基础。40多年来，我国市场体系建设经历初始培育、加速推进和全面完善三个阶段，尽管在某些地区和行业领域仍存在地方保护、市场分割和行政干预现象，但总体来看，市场体系建设已经取得显著进展，市场体系的完整性、统一性、开放性、竞争性、有序性均大幅提高，初步形成了包括商品市场和要素市场、有形市场和无形市场、现货市场和期货市场等在内的，体系相对完整、功能比较完善、统一开放、竞争有序的现代市场体系。进入新时代，党的十九大报告明确提出，我国经济已由高速增长阶段转向高质量发展阶段，正处在转变发展方式、优化经济结构、转换增长动力的攻关期，建设现代化经济体系是跨越关口的迫切要求和我国发展的战略目标。而建设现代化经济体系必然要求建设统一开放、公平竞争的市场体系，实现市场准入畅通、市场开放有序、市场竞争充分、市场秩序规范，加快形成企业自主经营公平竞争、消费者自由选择自主消费、商品和要素自由流动平等交换的现代市场体系。

面向未来，健全完善现代市场体系要做到有的放矢，就必须清晰了解我国市场体系现代化程度或者成熟程度。为此，本研究构建了市场体系成熟度指数，并利用其评估我国市场体系建设进程及其发展趋势，有利于准确把握我国现代市场体系建设的整体面貌，为新时代进一步推进符合现代化经济体系要求的统一开放、竞争有序的现代市场体系建设，解决当前和未来一段时期改革攻坚面临的深层次矛盾和问题提供重要参考。

二、研 究 述 评

尽管对现代市场体系成熟度进行测度和量化分析具有重要的价值，但由于其测度非常困难，迄今国内外学者尚没有此方面的研究。已有与此相关的研究大体可以分为以下几类：

第一类研究侧重于对我国整体的经济市场化程度或者市场经济发展程度进行量化，代表性学者有卢中原和胡鞍钢（1993）、江晓薇和宋红旭（1995）、顾海兵（1997）、陈宗胜等（1999）、北京师范大学经济与资源管理研究院（2010）、樊纲、王小鲁、朱恒鹏等（2011）。他们的研究多立足中国经济体制改革的市场化方向，试图通过对市场化程度或市场经济发展状况进行估计和评价，从宏观层面把握中国经济市场化进程，为深化经济体制改革和论证中国市场经济地位提供依据。其中，卢中原、胡鞍钢（1993）从投资、价格、生产和商业四个方面测算了我国市场化程度，指出我国市场化指数由1979年的24.91%上升至1992年的62%。江晓薇、宋红旭（1995）则从企业自主、国内开放、对外开放和宏观调控四个方面对市场化程度进行了测算和国际比较，得出1995年我国市场化指数为37%。顾海兵（1997）从要素市场化角度进行研究，选择劳动力、资金、生产和价格四个方面的指标，对我国1980—1999年市场化指数进行了测度，指出我国市场化程度由1980年的5%

上升至1999年的50%，成为转轨后期市场经济。陈宗胜等（1999）从经济体制市场化、主要产业部门市场化、不同区域市场化、全国总体市场化四个方面测算了我国市场化进程，指出1997年我国市场化程度达到60%。李晓西等（2010）立足国际贸易法市场经济地位的视角，参照美国传统基金会的评价标准，从政府行为规范化、经济主体自由化、生产要素市场化、贸易环境公平化以及金融参数合理化5个方面，明确了11个子因素33个指标，指标评分等级设定为1分到5分5个等级，并折算成百分制得分，分别在2003年、2005年、2008年和2010年这四个时间点，对我国改革开放以来的市场经济发展程度进行了测度，指出在2001年，我国市场化指数达到69%，我国已经是符合WTO规则的市场经济国家，截至2008年，我国市场化指数达到76.40%。樊纲、王小鲁、朱恒鹏（2011）从政府与市场关系、非国有经济发展、产品市场发育程度、要素市场发育程度、市场中介组织发育和法律制度环境5个方面，选取了21个指标，按照10分制，编制了1997—2009年我国市场化总指数和各省（区、市）市场化指数，并对分省（区、市）市场化程度进行排名。研究结论是，我国经济市场化程度呈现出不断加强的趋势，1997年至2007年，我国市场化指数得分由4.0分上升至2007年的7.33分。然而，王小鲁、樊纲、余静文（2017）对中国及分省（区、市）市场化程度的最新研究却发现，2008年以来，我国市场化进程出现了某种程度的放缓、停滞甚至下降趋势，由2008年的5.48分下降至2010年的5.44分，2011年以后才开始上升，提高至2014年的6.56分。

另一类研究侧重于对现代市场体系某个方面的发展进行分析和测度，主要是对商品、金融、劳动力等某类市场一体化和市场分割水平或自由度、开放度进行测度，代表性学者有桂琦寒等（2006）、庄晓玖（2007）、徐长玉（2008）、潘文卿、刘亚清、刘庆彬（2011）以及赵伟、徐朝晖（2005）。其中，桂琦寒等（2006）运用相对价格法，对1985—2001年我国相邻省份以及东部、中部、西部、京津冀地区和全国平均的市场一体化/市场分割水平进行测度。研究结果显示，我国国内市场的整合程度总体呈现上升趋势，但不同省（区、市）和地区之间市场一体化水平存在较大差异。庄晓玖（2007）将金融自由化定义为利率自由化、信贷控制放松、进入壁垒降低、银行自治加强、银行产权多元化、证券市场改革、资本和经常账户开放7个方面的综合反映，通过对中国金融改革过程中上述7个方面的各项措施进行评估，采取主成分分析法进行数据综合，并以100%为完全金融自由化，构建出了从1982年到2006年的中国金融自由化指数，测算结果表明，我国金融自由化程度不断加深，截至2006年，自由化程度已达到了71%。徐长玉（2008）从劳动力商品化程度、劳动力市场机制、劳动力市场制度、劳动力市场组织以及劳动关系五个方面对我国劳动力市场化程度进行了评估，发现2006年我国劳动力市场化程度已经达到转轨后期市场经济水平，处于50%～60%。潘文卿、刘亚清、刘庆彬（2011）采用了相对价格法，构建了区域对内分割指数和对外分割指数，测度了1985—2009年中国环渤海、东北、东南沿海、中部、西北、西南6个地区的区域市场分割与融合程度。结果发现，中国自1992年来呈现出稳定的市场一体化趋势，并且6个经济区内部市场的分割程度也呈现出迅速下降趋势。赵伟、徐朝晖（2005）从区际开放和国际开放两个维度，构建了9个区际开放和8个国际开放共17个指标构成的指标体系，对1998—2002年我国省域经济的对内和对外开放程度进行了评估。

总体来看，第一类研究基本上没有从现代市场体系的内涵、特征和构成角度，对我国现代市场体系建设进程进行评估，测度的时间段具有较强的选择性和碎片性，基本上没有选择改革开放的起始时间作为分析起点，缺乏相对可比的评分和计算原则，得出的结论迥异，不能较好地反映中国经济市场化以及现代市场体系建设进程全貌。第二类研究多侧重商品市场的统一性、自由度或者开放性进行评价，忽略了对要素市场以及现代市场体系其他特征的测度，不能全面反映我国现代市场体系建设进程的整体面貌。

站在新时代的关键时点，准确评估我国现代市场体系建设进程，在数据可获得的情况下，本研究拟从市场体系的概念、构成及其特征和目标出发，选择市场体系构成中最核心的商品市场体系以及资本和劳动力市场两个要素市场体系作为测度对象，分别从统一性、开放性、竞争性和有序性四个维度，科学遴选客观的统计指标，设计可量化的指标指数体系，对改革开放以来我国商品市场体系、要素市场体系以及整个市场体系成熟度进行全面量化评估。

之所以如此设计，一是为了从更广阔的历史视角更客观地反映我国市场体系建设的进程，避免调查问卷或者抽样调查等方式获得的指标因主观性和随意性所产生的测量误差，提高测度的准确性和客观性；二是为了对市场体系建设过程进行连续的测度，减少以往只测度个别年份的市场化程度或者市场一体化程度所引致的测度结果科学性和可比性难以保证以及应用价值相对较低的缺点。

三、我国市场体系建设历程及成效

改革开放以前，在高度集中的计划经济体制下，我国经济体系总体运行表现出如下特征：国有经济在国民经济中占绝对统治地位；缺乏合格、独立微观经济主体，市场结构单一；价格仅作为经济核算工具，商品流动高度依赖行政分配和调拨；地区经济分割严重，与国际市场基本上隔绝；计划经济中市场经济成分基本处于空白状态。

党的十一届三中全会以后，我国正式拉开经济体制改革和市场体系建设的大幕。按照经济体制改革的总体脉络和不同时期市场体系建设的侧重点来看，我国市场体系建设呈现出明显的阶段性特征，大致经历了三个阶段，如图 3-1 所示。

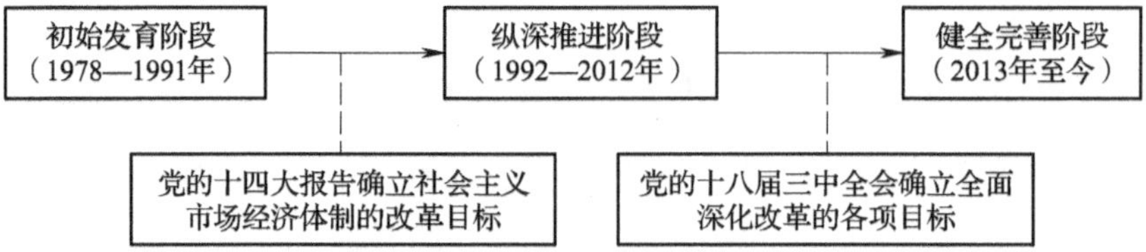

图 3-1　现代市场体系的建设历程

第一阶段（1978—1991 年），初始发育阶段。党的十一届三中全会以后，在农村改革和价格改革的带动下，我国农业生产力迅速恢复，农村个体经营和集贸市场首先放开，农副产品商品化开始起步，其他商品市场也开始萌芽。与此同时，资本市场和劳动力市场改革也有所推进，1979 年起中国农业银行、中国银行等国有银行开始逐步恢复和设立。统包统配的就业制开始松动，劳动部门就业、自愿组织起来就业和自谋职业相结合等方针开始实行，劳动力市场的供求机制和流动机制开始在小范围内发挥微弱的作用。1984 年，党的十二届三中全会《中共中央关于经济体制改革的决定》明确提出，社会主义计划经济是公有制基础上的有计划的商品经济，经济体制改革中心开始由农村转向城市、价格、企业、资本和劳动力等领域改革，为各类市场的发育创造了良好条件，消费品和工业生产资料市场迅速发展，资本、劳动力等生产要素市场则在探索中相继起步。1987 年党的十三大报告明确提出“社会主义市场体系”的概念和“国家调节市场，市场引导企业”的目标，为市场体系建设提供了重要政策依据，促进了市场体系的发展。

经过 10 多年的市场培育，我国商品市场、劳动力市场和资本市场从无到有，从小到大，从封闭走向开放，从计划主导到市场辅助，各类市场成长比较迅速。截至 1991 年，除部分城镇居民和军队供油实行统销外，其余农副产品均由市场销售，国家进行计划管理的商品和生产资料都大幅减少，分别由 1978 年的 274 种和 256 种减少至 12 种和 30 种；市场壁垒大幅削弱，初步形成了国有、集体、个体私营共存的多元市场主体格局；市场价格调节商品和服务的范围大大扩展；劳动力流动的制度性壁垒逐步取消，劳动力市场的二元结构开始形成；货币市场、同业拆借市场、票据市场、国债回购市场先后得到发展，已经基本完成了由财政主导到以银行体系为主导的金融体系的转型，金融机构多元化、利率与汇率政策调控框架逐步形成。

第二阶段（1992—2012 年），纵深推进阶段。1992 年邓小平南方谈话和党的十四大报告确立了建设社会主义市场经济体制的经济体制改革目标，1993 年，党的十四届三中全会通过了《中共中央关于建立社会主义市场经济体制若干问题的决定》，制定了社会主义市场经济体制的总体规划，提出"着重发展生产要素市场""打破地区、部门的分割和封锁""规范市场行为，创造平等竞争的环境"，并首次提出"形成统一、开放、竞争、有序的大市场"。1997 年，党的十五大报告提出，"加快国民经济市场化进程，进一步发挥市场对资源配置的基础性作用"。2001 年，我国加入 WTO，市场体系在市场规则、运行机制、法律制度等方面与国际市场接轨的步伐加快。2002 年，党的十六大报告提出"健全现代市场体系"。2003 年，党的十六届三中全会通过《中共中央关于完善社会主义市场经济体制若干问题的决定》，再一次强调完善社会主义市场经济体制，建设"统一开放竞争有序的现代市场体系"。2007 年，党的十七大报告进一步指出，"加快形成统一开放竞争有序的现代市场体系，发展各类生产要素市场，完善反映市场供求关系、资源稀缺程度、环境损害成本的生产要素和资源价格形成机制，规范发展行业协会和市场中介组织，健全社会信用体系"。

截至 2012 年，我国各类市场加速向纵深发展，在市场规则、运行机制、法律制度等方面也加速与国际市场接轨。总的来看，自确立现代市场体系建设目标以后，我国市场体系建设继续深入推进，商品市场、劳动力市场以及资本市场改革步伐显著加快；国有企业基本成为自主经营、自负盈亏的市场主体和法人实体，大多数国有大中型骨干企业已建立现代企业制度；民营企业和外资企业都成为社会主义市场经济的重要组成部分；外资经济也得到加快发展，市场经济活跃度和现代化程度显著提升，初步建立统一开放、竞争有序的现代市场体系框架；市场开放度大幅提升，市场竞争更加充分，基本实现了计划价格体制向市场价格体制转型；市场竞争的规则更加完善；就业双向选择机制、劳动力流动与竞争机制、失业机制、社会保险机制等劳动力市场机制与政府对劳动力市场的宏观调控机制逐步完善，我国城乡劳动力市场已初步确立；股票市场、债券市场等各类资本市场自建立之日起就发展比较迅速，成为我国现代市场体系的重要组成部分，资金融通和资源配置功能得到极大的发挥。

第三阶段（2013 年至今），健全完善阶段。经过 35 年的发展，我国统一开放、竞争有序的现代市场体系框架已经基本确立，但发展过程中也存在一些问题。党的十八大特别是十八届三中全会以来，我国进入全面深化改革新阶段。在党的十八大报告提出的“更加尊重市场规律，更好发挥政府作用，健全现代市场体系”的基础上，党的十八届三中全会《中共中央关于全面深化改革若干重大问题的决定》提出，要紧紧围绕使市场在资源配置中起决定性作用，全面深化经济体制改革，加快形成统一开放、竞争有序的现代市场体系。2018 年 1 月 30 日，中共中央政治局就建设现代化经济体系进行第三次集体学习，在主持学习时，习近平总书记深刻论述了现代市场体系在现代化经济体系中的地位及其下一阶段建设的目标，明确提出，要建设统一开放、竞争有序的市场体系，实现市场准入畅通、市场开放有序、市场竞争充分、市场秩序规范，加快形成企业自主经营公平竞争、消费者自由选择自主消费、商品和要素自由流动平等交换的现代市场体系。

在这一时期，得益于全面深化改革、更高层次更高水平开放型经济新体制的构建以及新一轮科技和产业革命的推动，我国现代市场体系建设取得了积极进展，商品和要素流动更加自由，市场规模持续扩展；市场决定价格的范围大幅拓展；更大范围、更宽领域的现代市场体系初步建立，商品市场体系和资本、劳动力等要素市场体系都向更高层次、更高水平迈进。截至2019年，全社会零售商品总额达到411 649亿元，其中网上零售额106 324亿元；竞争性领域和环节的产品和服务价格已经完全放开，价格市场化程度达到97.01%[①]，政府管理价格的比重已不足3%，市场决定价格的机制基本建立（国家发展和改革委员会价格司，2017）；进出口贸易总额达到31.54万亿元，是世界最大对外贸易国；资本和债券等资本市场更加发达，A股市值总规模创历史新高，达到59.2万亿元；各类债券余额96.23万亿元，均仅次于美国，位居全球第二位；劳动力市场体系更加灵活，2019年末就业人员达到77 471万人，其中城镇就业人员44 247万人，城镇新增就业1 352万人；农民工总量达到29 077万人；多种所有制市场主体共同发展，市场主体格局持续优化，经济效益总体较好，发展质量相对较高，规模以上工业实现总利润61 995.5亿元，其中，国有控股企业实现利润16 355.5亿元；股份制企业45 283.9亿元，外商及港澳台商投资企业15 580.0亿元，私营企业18 181.9亿元。

四、我国市场体系成熟度指数的构造与测度

（一）指标选择与数据处理

现代市场体系是现代市场经济体系的重要组成部分，也是我国社会主义市场经济体系的重要构成内容。狭义的现代市场体系是指由各种相对独立的商品市场和生产要素市场所形成的不可分割的有机统一体；从有形客体与载体上看，市场体系包括商品市场和资本、劳动力、房地产、技术、产权等各类要素市场。从功能来看，商品市场的主要作用是商品交换，资本市场和劳

① 2016年底数。

动力市场的主要作用是资金配置和劳动力资源配置。无论是从成熟市场经济国家市场体系发展历程，还是各类市场在市场体系中发挥的作用来看，商品市场、资本市场和劳动力市场都是现代市场体系的核心。同时，鉴于土地和技术市场起步较晚，数据缺失比较严重，本研究选择商品市场、资本市场和劳动力市场作为现代市场体系成熟度总指数测算基础，从现代市场体系的特征和目标出发，选择表征统一性、开放性、竞争性和有序性四大目标的经济指标，来构建现代市场体系成熟度指数（见表 3–1）。

表 3–1　市场体系成熟度指数体系

总指数	分项指数	目标指数	指　　标
市场体系成熟度总指数	商品市场体系成熟度指数	统一性	商品市场一体化
			交通基础设施发展
			电信基础设施发展
			社会零售商品总额占 GDP 比重
		开放性	进出口总额占 GDP 比重
			FDI 占国内投资比重
		竞争性	非公有经济主营业务收入占全部工业主营业务收入的比重
		有序性	政府投资占 GDP 比重
	劳动力市场体系成熟度指数	统一性	劳动力市场一体化
			交通基础设施发展
		开放性	劳动力参与率
		竞争性	城镇新增就业占全部就业人数比重
			农村劳动力转移人数占全部就业人数比重
			城镇非公有经济单位就业人员平均工资 / 城镇单位就业人员平均工资
		有序性	户籍城镇化率

续表

总指数	分项指数	目标指数	指　　标
市场体系成熟度总指数	资本市场体系成熟度指数①	统一性	资本市场一体化
			股票市值占 GDP 比重
			国债发行量占 GDP 比重
		开放性	美国购买中国国债规模占国债发行比重
			B 股总市值占股市总市值比重
		竞争性	全社会固定资产投资资金中外资、自筹和其他资金占比
		有序性	财政存款余额占存款余额比重

注：相关指标计算说明见附录表 3-1。计算指标的基础数据均取自国家统计局统计数据库、Wind 数据库及历年统计年鉴。

（二）市场体系成熟度指数构造

为了将各项指标合成为反映商品市场体系、资本市场体系、劳动力市场体系分项指数以及市场体系成熟度总指数，要求各项指标历年纵向及与其他指标横向均可比，需要对各项指标进行标准化处理，在此基础上，按照“经济指标—目标指数—分项指数—总指数”的步骤分步合成，最终得到市场体系成熟度总指数。具体而言，参考王小鲁、樊纲、余静文（2017）编制中国市场化分指数和总指数的指标处理方法，对各项指标进行无量纲化处理，并通过线性加权法合成市场体系成熟度总指数。

① 限于狭义的资本市场体系起步较晚及其 1990 年前的统计数据缺失严重，为保证数据连续性和可获得性，本研究主要研究广义的作为生产要素的资本市场体系。

首先，对指标进行分类标准化处理。如果第 i 项指标与统一性、开放性、竞争性以及有序性是正向关系，则标准化处理公式为：

$$Z_i=\frac{X_i-X_{\min}}{X_{\max}-X_{\min}}$$

如果第 i 项指标与统一性、开放性、竞争性以及有序性是反向关系，则标准化的处理公式为：

$$Z_i=\frac{X_{\max}-X_i}{X_{\max}-X_{\min}}$$

其中，Z_i 为第 i 项指标的标准化值；X_i 为第 i 项指标的原始值；$X_{\max}$ 为第 i 项指标的最大值；$X_{\min}$ 为第 i 项指标的最小值。

经过上述标准化处理，各指数都与市场体系统一性、开放性、竞争性以及有序性正相关，也与市场体系成熟度总指数正相关，取值介于 0 到 1 之间。

其次，计算指数权重，合成市场体系成熟度总指数。由于不同时期，商品市场体系、资本市场体系和劳动力市场体系的建设进程不一致，为了科学构建市场体系成熟度总指数，需要根据市场体系建设的阶段性特点，对不同时期指标的重要性进行赋权。鉴于主成分分析法在进行赋权时存在的权重变化造成跨年度不可比和权重偏离正常区间等问题（王小鲁、樊纲、余静文，2017），本研究选择专家打分法，请中国宏观经济研究院、中国社会科学院、国务院发展研究中心等知名科研机构的专家进行权重打分，得到不同时期各类指标及分项指数的权重（见附录表 3–2），在此基础上，通过线性加权法得到我国市场体系成熟度总指数。

需要说明的是，鉴于我国城乡土地市场高度分割、技术市场统一性较低以及户籍改革相对滞后和资本金融面临较严格审慎管制的现实，相对实际水平，我们测算的 1978—2016 年的历史市场体系成熟度总指数以及对 2017—2035 年的预测值都可能相对偏高。

五、对市场体系成熟度总指数量化结果分析及预测

（一）量化结果分析

通过测算发现，与我国市场体系建设进程相吻合，我国市场体系现代化建设呈现出一些独特的发展趋势和特征。具体表现如下：

1. 市场体系现代化水平稳步提升，我国已成为 WTO 规则上的市场经济国家

如图 3-2 所示，我国市场体系成熟度总指数总体呈上升态势，但增速呈现出“前快后慢”的特征。之所以如此，源于我国现代市场体系建设是在一个非常低的起点上起步，这使改革开放早期市场体系建设的边际效益非常明显，导致市场体系成熟度总指数增长较快。随着市场化改革进程的推进，市场体系建设面临的困难挑战越来越多，市场发展的边际效益有所下降，市场体系成熟度总指数增速开始放缓，并且在 1992 年和 2013 年等个别年份改革举措系统推出之际，以及在 1998 年和 2008 年分别受亚洲金融危机和全球金融危机冲击之时，市场体系成熟度总指数还略有起伏。

经过 40 多年的改革开放，我国已成功实现经济体制的顺利转换，市场体系建设取得显著成效，市场体系的统一性、开放性、竞争性和有序性均呈现出显著增强趋势，市场在资源配置中起决定性作用的基本态势已经确立，市场体系深入融入了全球市场经济体系，现代化程度显著提升。相比 1978 年的 0.037 6，2019 年，我国市场体系成熟度总指数为 0.755 6，达到基本成熟的市场经济国家标准，这与北京师范大学经济与资源管理研究院（2010）的研究结论是一致的。北京师范大学经济与资源管理研究院（2010）立足国际贸易

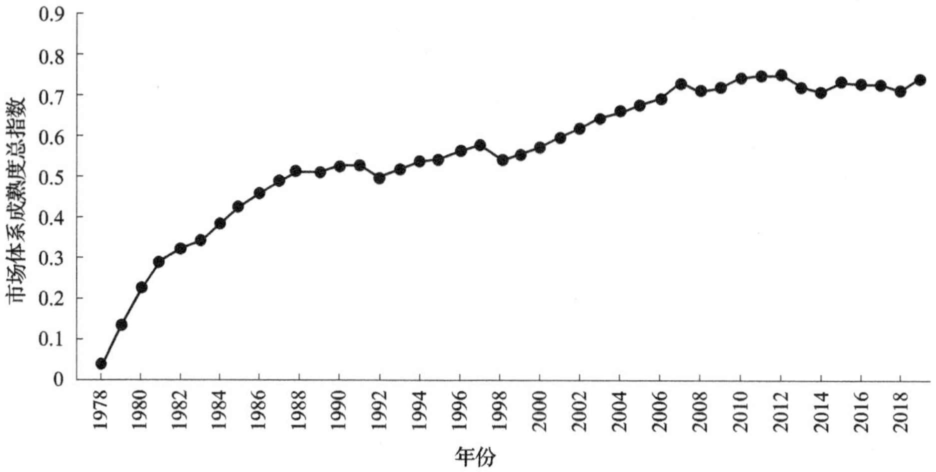

图 3-2　市场体系成熟度总指数（1978—2019 年）

资料来源：课题组测算，下同。

法市场经济地位的视角，参照美国传统基金会的评价标准，分别于 2003 年、2005 年、2008 年和 2010 年，对我国改革开放以来的市场经济发展程度进行了测度。他们指出，2001 年我国市场化指数达到 0.69，我国已是 WTO 规则上的市场经济国家，到 2008 年，我国市场化指数达到 0.764 0。

2. 市场体系建设呈现明显的阶段性特征，发展质量稳步提升

测算结果显示，改革开放以来，与我国改革进程和市场体系建设进程相对应，我国市场体系成熟度总指数变动的阶段特征比较明显，增速呈现出逐步下降趋势，但市场体系发展水平则是稳步提升。具体而言，1978—1991 年是我国市场体系建设的初始萌芽阶段。这个阶段，我国改革开放正式启动，伴随价格、企业、资本、劳动力等领域改革的推进，市场体系培育开始突破计划经济体制的藩篱，商品市场和要素市场均开始萌芽发展。在此背景下，我国市场体系成熟度总指数增长迅速。截至 1991 年，我国市场体系成熟度总指数由 1978 年的 0.037 6 提升至 0.538 7，年均增速达到 22.7%（见图 3-3）。

然而，由于改革之初，市场体系建设起点比较低，尽管市场体系建设取得突破性进展，但市场体系总体处于比较低的层次。

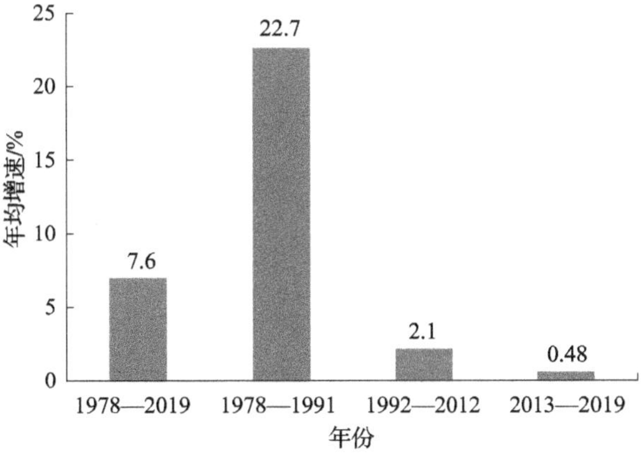

图 3–3　市场体系成熟度总指数年均增速的阶段性变化

资料来源：课题组测算。

1992—2012 年是我国市场体系建设的正式推进阶段。在此期间，伴随我国社会主义市场经济体制的建设推进以及建立统一开放、竞争有序的市场体系的目标确立，我国现代市场体系建设进入新时期，加入 WTO 以后，外资外贸体制改革，推动市场体系的开放性显著增强，长期维持在较高的水平。这一时期，亚洲金融危机和全球金融危机一度对我国市场体系建设造成明显的阶段性负面冲击，但并没有改变市场体系不断发展完善的中长期趋势。1992—2012 年，我国市场体系成熟度总指数由 0.503 2 上升至 0.766 1，年均增长 2.1%。

2013 年以来，我国市场体系建设进入全面推进阶段。在此期间，尽管面临“三期叠加”以及全球经济复苏乏力的阻力，但伴随党的十八届三中全会关于全面深化改革的战略部署逐步落实，我国现代市场体系建设进入新时代，价格改革全面深化，市场在资源配置起决定性作用的态势基本显现，经过攻坚克难和全面深化改革，商品市场体系和要素市场体系发展质量较前期均有所提高。2013 年至 2019 年，我国市场体系成熟度总指数由 0.734 1 提升至 0.755 6，年均增长 0.48%。

3. 各类市场体系均在不断完善，但成熟度指数高低不同

改革开放以来，我国商品市场体系和要素市场体系建设不断推进，市场体系建设现代化程度显著提升，统一开放、竞争有序的市场体系基本建立，多门类多层次的全国统一市场已基本形成（任兴洲等，2015）。对商品、劳动力和资本三类市场体系成熟度指数的测度结果显示，1978—2019 年，我国商品市场体系成熟度指数、劳动力市场体系成熟度指数、资本市场体系成熟度指数发展趋势基本一致，均呈现出稳步上升趋势，表明我国各类市场体系都在持续完善。其中，商品市场体系成熟度指数由 1978 年的 0.046 上升至 2019 年的 0.818；劳动力市场体系成熟度指数由 1978 年的 0.049 上升至 2019 年的 0.755；资本市场体系成熟度指数由 1978 年的 0.001 上升至 2019 年的 0.599，如图 3-4 所示。

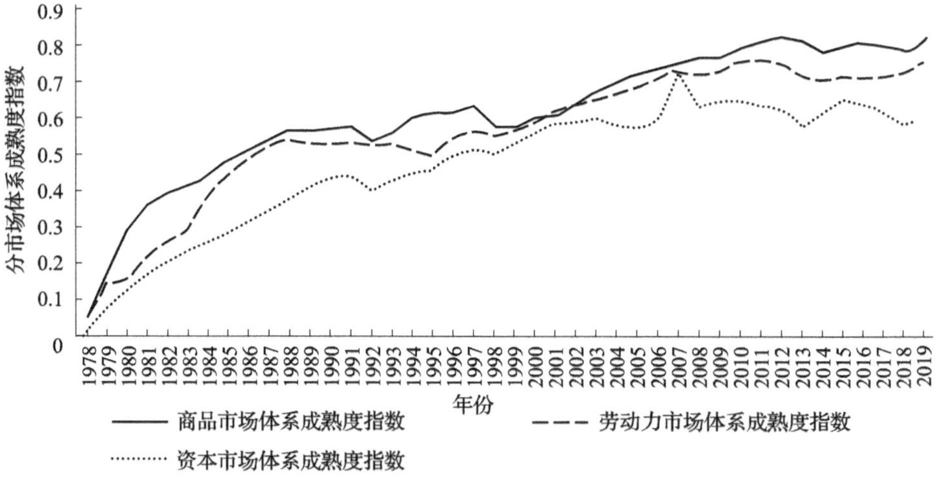

图 3-4　分市场体系成熟度指数（1978—2019 年）

资料来源：课题组测算。

测算结果还显示，尽管各类市场体系成熟度指数呈不断上升趋势，但相对大小存在明显差异，具体来讲，表现出如下两大特征：一是商品市场体系和劳动力市场体系成熟度指数在所有年份都高于资本市场体系成熟度指数。改革开放以来，与我国市场体系建设进程相适应的是，商品市场体系和劳动力市场体系推进步伐始终要快于资本市场体系，前两个市场在统一性、开放性、竞争性和有序性方面都较资本市场更高，结果是商品市场体系和劳动力市场体系的发育较资本市场体系更好，前两个市场体系的成熟度指数始终都显著高于后者。二是商品市场体系成熟度指数在绝大多数年份高于劳动力市场体系成熟度指数。之所以如此，一方面因为商品市场体系建设起步较早，价格改革、国企改革是经济体制改革的重点领域，对商品市场体系建设影响更大。另一方面因为劳动力市场化改革存在较多体制机制障碍，如形成于计划经济时代的户籍制度、用人制度、档案制度、工资制度造成了劳动力市场分割、体制内外差别、用人单位组织差异等问题，影响了劳动力的合理流动和高效配置。

4．市场体系统一性、开放性、竞争性和有序性稳步提升，但幅度各异

伴随我国市场化改革推进和现代市场体系建设，我国市场体系统一性、开放性、竞争性和有序性都呈现出稳步上升的趋势，但涨幅有所不同（见表 3–2）。其中，得益于价格改革、基础设施发展以及制约商品和要素自由流动和市场发展的各项制度性壁垒和障碍大量清除，我国市场体系统一性呈现出快速上升趋势，市场体系统一性指数由 1978 年的 0.025 5 上升至 2019 年的 0.436 4，涨幅为 0.410 9，市场体系统一性显著增强。在内外双向开放格局的推动下，我国企业利用国内国际两个市场、两种资源的能力大幅提升，市场体系开放性也呈现出持续增强趋势，高水平开放型市场经济体系加快构筑，市场体系开放性指数也由 1978 年的 0 提高至 2019 年的 0.119 5，涨幅为 0.119 5。

国有经济战略性布局调整和非公经济加速发展，极大提高了我国市场体系的竞争性，市场体系竞争性指数由 1978 年的 0.011 1 提高至 2019 年的 0.172 0，涨幅为 0.160 9。伴随政府职能持续加快转变，我国政府经济管理行为加速规范，市场法规规则不断完善，市场体系有序性稳步提升，市场体系有序性指数则由 1978 年的 0.000 8 上升至 2019 年的 0.051 3，涨幅为 0.050 5。

表 3–2　市场体系的目标指数变化

年份	统一性指数	开放性指数	竞争性指数	有序性指数
1978	0.025 5	0.000 0	0.011 1	0.000 8
1985	0.326 1	0.017 6	0.049 9	0.026 5
1991	0.376 4	0.022 0	0.068 4	0.045 7
1992	0.267 5	0.090 9	0.105 6	0.072 2
2000	0.326 8	0.102 7	0.120 0	0.068 3
2012	0.471 2	0.095 3	0.169 3	0.056 0
2013	0.377 6	0.145 7	0.189 2	0.049 5
2014	0.384 7	0.127 1	0.190 0	0.049 7
2015	0.386 8	0.140 8	0.197 8	0.046 7
2016	0.390 1	0.134 7	0.196 9	0.047 4
2017	0.407 2	0.122 3	0.187 9	0.049 4
2018	0.414 6	0.112 9	0.173 5	0.050 8
2019	0.436 4	0.119 5	0.172 0	0.051 3

资料来源：课题组测算。

5. 各类市场体系都对现代市场体系发展作出贡献，但贡献度存在显著差异

通过测算各市场体系成熟度指数对市场体系成熟度总指数的贡献，可以看到，各类市场体系成熟度指数对市场体系成熟度总指数的贡献度有所不同

（见表 3–3）。1978 年至 2019 年，市场体系成熟度总指数年均 7.6% 的增速中，商品市场体系成熟度指数的贡献率达到 41.3%，高于同期劳动力市场体系成熟度指数和资本市场体系成熟度指数的贡献率，显示出商品体系建设进程要相对更快一些，边际贡献要高于劳动力和资本等要素市场体系。分阶段来看，1978 年至 1991 年以及 1992 年至 2012 年两个时期，商品市场体系成熟度指数的贡献率都要高于同期劳动力和资本市场体系成熟度指数的贡献率；同时，劳动力市场体系成熟度指数的贡献与资本市场体系成熟度指数的贡献交替领先，这是因为劳动力市场化改革起步较早，所以在前一阶段对整个市场体系建设的贡献更大，但随着资本市场改革大幕的拉开和有序推进，在更明显的改革边际效应下，后者的贡献开始反超前者。2013 年以来，商品市场体系成熟度指数的贡献低于劳动力市场体系成熟度指数和资本市场体系成熟度指数，同时，劳动力市场成熟度指数的贡献大幅上升。之所以如此，是因为相对劳动力和资本市场体系，商品市场体系建设本身处于相对较高的水平，对整个市场体系现代化建设的边际贡献明显下降，金融危机后，资本市场体系的建设更加审慎，因此其对整个市场体系建设的贡献并没有出现跳跃式增加，劳动力市场体系建设的稳步推进则填补了商品市场体系建设明显放缓的空缺，贡献了市场体系成熟度总指数增长的最大份额。

表 3–3　各市场体系成熟度指数对市场体系成熟度总指数的贡献率（单位：%）

时间段	商品市场体系成熟度指数贡献率	劳动力市场体系成熟度指数贡献率	资本市场体系成熟度指数贡献率
1978—2019	41.3	33.5	24.1
1978—1991	56.6	17.7	14.1
1992—2012	56.0	21.9	22.5
2013—2019	11.1	61.0	35.7

资料来源：课题组测算。

（二）面向 2035 年的市场体系成熟度总指数预测

1. 健全完善现代市场体系的主要内容

党的十八届三中全会特别是党的十九大以来，党中央高度重视现代市场体系建设，习近平总书记就现代化经济体系和现代市场体系建设多次作了重要讲话。通过梳理党的十八届三中全会以来国家制定的重大战略、方针和政策以及习近平总书记重要讲话中有关现代市场体系建设的相关内容，可以初步勾勒出我国未来健全现代市场体系的基本方向和主要目标。表 3-4 总结了对未来健全现代市场体系比较重要的政策文件和讲话，并归纳了现代市场体系建设的相关重点和目标，其分别与商品市场体系、劳动力市场体系、资本市场体系等建设以及市场体系的四大目标相对应。

表 3-4　党的十八届三中全会以来党中央关于健全现代市场体系的主要内容

文件与讲话	健全市场体系的内容	对应市场类型	对应目标
2013 年 11 月党的十八届三中全会审议通过的有关决定	建设统一开放、竞争有序的市场体系，是使市场在资源配置中起决定性作用的基础。必须加快形成企业自主经营、公平竞争，消费者自由选择、自主消费，商品和要素自由流动、平等交换的现代市场体系。规范招人用人制度，消除城乡、行业、身份、性别等一切影响平等就业的制度障碍和就业歧视。扩大金融业对内对外开放，健全多层次资本市场体系	包括商品市场、劳动力市场和资本市场在内的市场体系	统一、开放、竞争、有序
2016 年 3 月“十三五”规划纲要	加快形成统一开放，竞争有序的市场体系，建立公平竞争保障机制，打破地域分割和行业垄断，着力清除市场壁垒，促进商品和要素自由有序流动，平等交换	包括商品市场、劳动力市场和资本市场在内的市场体系	统一、开放、竞争、有序

续表

文件与讲话	健全市场体系的内容	对应市场类型	对应目标
2017 年 10 月党的十九大报告	完善产权制度和要素市场化配置；深化国有企业改革，发展混合所有制经济；全面实施市场准入负面清单制度，清理废除妨碍统一市场和公平竞争的各种规定和做法，支持民营企业发展，激发各类市场主体活力；破除妨碍劳动力、人才社会性流动的体制机制弊端；深化金融体制改革，提高直接融资比重，促进多层次资本市场健康发展；推动形成全面开放新格局，实行高水平的贸易和投资自由化便利化政策；全面实行准入前国民待遇加负面清单管理制度，大幅度放宽市场准入，扩大服务业对外开放，保护外商投资合法权益；赋予自由贸易试验区更大改革自主权，探索建设自由贸易港；创新对外投资方式，促进国际产能合作	包括商品市场、劳动力市场和资本市场在内的市场体系	统一、开放、竞争、有序
2018 年 1 月习近平在中共中央政治局第三次集体学习时的讲话	要建设统一开放、竞争有序的市场体系，实现市场准入畅通、市场开放有序、市场竞争充分、市场秩序规范，加快形成企业自主经营公平竞争、消费者自由选择自主消费、商品和要素自由流动平等交换的现代市场体系	包括商品市场、劳动力市场和资本市场在内的市场体系	统一、开放、竞争、有序
2018 年 4 月习近平在博鳌亚洲论坛 2018 年年会开幕式上主旨演讲	服务业特别是金融业方面，放宽银行、证券、保险行业外资股比限制，加快保险行业开放进程，放宽外资金融机构设立限制，扩大外资金融机构在华业务范围，拓宽中外金融市场合作领域。制造业方面，目前已基本开放，下一步要尽快放宽外资股比限制特别是汽车行业外资限制	资本市场体系和商品市场体系	统一、开放、竞争、有序

续表

文件与讲话	健全市场体系的内容	对应市场类型	对应目标
2019年11月党的十九届四中全会审议通过的有关决定	建设高标准市场体系，完善公平竞争制度，全面实施市场准入负面清单制度，改革生产许可制度，健全破产制度。推进要素市场制度建设，实现要素价格市场决定、流动自主有序、配置高效公平。加强资本市场基础制度建设，健全具有高度适应性、竞争力、普惠性的现代金融体系，有效防范化解金融风险。加强数据有序共享，依法保护个人信息	资本市场体系和商品市场体系	统一、开放、竞争、有序
2020年《中共中央 国务院关于构建更加完善的要素市场化配置体制机制的意见》	坚持深化市场化改革、扩大高水平开放，破除阻碍要素自由流动的体制机制障碍，扩大要素市场化配置范围，健全要素市场体系，推进要素市场制度建设，实现要素价格市场决定、流动自主有序、配置高效公平，为建设高标准市场体系、推动高质量发展、建设现代化经济体系打下坚实制度基础	要素市场体系	统一、开放、竞争、有序

资料来源：课题组整理。

根据我国未来市场体系建设的战略安排和目标，我们设定了基准、次乐观和乐观三种情景，分别表示健全现代市场体系战略部署的推进情况，并运用趋势外推方法，对我国2020—2035年的市场体系成熟度总指数进行预测。其中，乐观情景是指考虑到我国现代市场体系已经处于比较高的水平，市场体系建设在高台阶上向更高水平和更高质量阶段迈进，尽管面临高平台效应和边际递减效应的影响以及体制机制攻坚克难的难度，但未来关于健全现代市场体系的相关改革和政策举措全部落实，市场体系建设在内容、范围、深度和广度上向纵深推进，统筹推进力度不断加大，现代市场体系建设仍能保持当前的势头，因此，设定2020—2035年标准化的指标年均增速都维持在2013—2019年市场体系成熟度总指数增速的水平，即0.6%的年均增速。次乐观情景是指鉴于建设高质量高水平现代市场体系存在的平台效应，再加上部分领域可能推进缓慢，改革举措没有完全实现统筹协调，现代市场体系建设步伐较乐观情景要慢，因此，设定 2020—2035 年标准化的指标年均增速维持乐观情景下增速的 2/3，为 0.4%。基准情景是指市场体系建设仍延续过去的内容和推进步伐，但保持在较低的水平，因此，设定 2020—2035 年标准化的指标年均增速低于次乐观情景，仅相当于乐观情景下市场体系成熟度总指数年均增速的 1/3 左右，为 0.2%。

2. 市场体系成熟度总指数预测

图 3–5 报告了我国市场体系成熟度总指数的预测结果。结果显示，基准情景下，我国市场体系建设平稳推进，市场主体结构趋于优化，市场开放平稳推进，政府职能逐步转型，商品和要素流动比较顺畅，企业自主经营公平竞争的格局初步搭建，消费者自主选择、自主消费的权利有所保障，市场体系的统一性、开放性、竞争性和有序性均有所提高，商品市场体系趋于完善，生产要素市场体系得到较大发展，推动市场体系日趋完善。预计到 2025 年、2030 年和 2035 年，我国市场体系成熟度总指数分别达到 0.764 7、0.772 4 和 0.780 1，分别较 2019 年提高 0.009 1、0.016 8、0.024 5，到 2035 年我国统一开放、竞争有序的现代市场体系已经达到较高的水平，为现代化经济体系建设打下扎实的市场基础。

次乐观情景下，相较基准情景，我国市场体系建设步伐更快，市场主体结构更加优化，市场开放水平显著提升，政府职能转型步伐更快，市场体系的统一性、开放性、竞争性和有序性大幅提升，企业和消费者权利得到更大力度的保障，市场壁垒大量扫除，商品市场体系建设质量更高，生产要素市场体系发展水平显著提升，健全现代市场体系取得显著进展。预计到 2025 年、2030 年和 2035 年，我国市场体系成熟度总指数分别达到 0.773 9、0.789 5

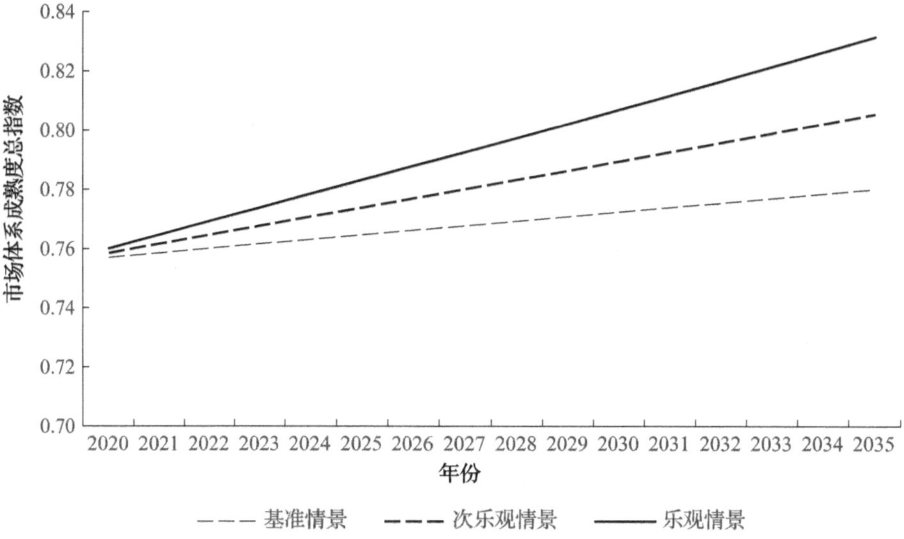

图 3-5　市场体系成熟度总指数预测（2020—2035 年）

资料来源：课题组测算。

和 0.805 4，分别较 2019 年提高 0.018 3、0.039 9、0.049 8，到 2030 年我国统一开放、竞争有序的现代市场体系达到更高的水平，相较基准情景，呈现出更高层次、更高质量、更加现代化的特点，能够较好地支撑我国现代化经济体系建设和高质量发展。

乐观情景下，相较次乐观情景，我国市场体系建设步伐明显提速，市场主体结构更加合理，市场公平竞争性更加突出，市场开放向更高水平、更宽领域、更大范围推进，政府职能显著优化，市场体系的统一性、开放性、竞争性和有序性达到前所未有的高度，企业和消费者权利得到更有效保障，商品和要素流动自由性大大提升，商品市场体系和要素市场体系实现了高质量发展，健全现代市场体系取得历史性成就。预计到 2025 年、2030 年和 2035 年，我国市场体系成熟度总指数分别达到 0.783 2、0.807 0 和 0.831 5，分别较 2019 年提高 0.027 6、0.051 4 和 0.075 9，到 2025 年我国基本建成符合现代化经济体系要求的现代市场体系，顺利完成市场体系建设的预期目标，此后，高水平高质量市场体系在高平台基础上向更高端迈进，为现代化经济体系提供更强有力的支撑。

六、推进我国现代市场体系建设的对策建议

（一）健全现代市场体系面临的主要困难和挑战

经过40多年的市场化导向的改革开放，我国已经实现了高度集中的计划经济体制向社会主义市场经济体制的根本性转变，统一开放、竞争有序的现代市场体系初步建立。但是与现代化经济体系和高质量发展的要求相比，我国市场体系建设还有一段漫长的路要走，还存在不少体制性弊端有待克服，在某些领域某些环节，市场在资源配置中的决定性作用尚未得到应有的、充分的发挥，政府行政干预经济的行为时有发生，地方保护、市场封锁、行政垄断以及不正当竞争行为仍不时干扰市场，这些都阻碍了商品和要素的自由流动，危及企业和消费者的合法权益，限制了市场体系向更高水平、更高质量和更加现代化的方向发展。从测算的各分项指标和目标指数来看，市场体系特别是要素市场体系在统一性、开放性、竞争性和有序性等方面仍存在比较明显的短板，现代市场体系建设步伐相对滞后。

一是商品和要素流动自由仍受限，地方保护和行政干预市场情况依旧存在。一方面，部分地方政府通过规则设计、规章立法以及行政干预保护本地企业和特定供应商。例如，在政府采购中人为设置资质认定等相关条款，对本地企业或特定供应商进行保护，或者利用地方法规、规章制度以及标准对不同企业进行歧视对待，优待关联企业和本地企业。另一方面，行政干预和各种体制、非体制壁垒一定程度阻碍了商品和劳动力的自由流动。例如，户籍、公共服务体系和行业垄断等制度性壁垒和非制度性壁垒，造成城乡劳动

力市场分割和体制内外职业分割，阻碍了城乡劳动力以及不同行业部门之间从业者的自由流动。

二是要素市场对外开放力度不足，市场开放水平和层次均有待提升。首先，金融保险市场存在较为严格的管制，多层次资本市场体系尚未真正建立，民营和外资企业还不能完全自由参与资本市场，资本要素在不同地区和市场之间转移还存在诸多障碍。其次，我国资本市场尽管已经与伦敦等国际资本市场建立了联系和流动通道，但对境内外投资者、资金流动规模仍有诸多限制，在一定程度上阻碍了我国资本市场体系深入融入全球资本市场体系。最后，利率和汇率等尚未完全市场化，资金跨境流动仍受到一定管制，跨境资本市场发展水平和层次都还不够高。

三是市场体系微观基础不够牢固，市场主体之间公平竞争性尚需加强。首先，国有经济战略性调整和国有企业改革还有待深化，国有资本的分布面仍过宽，竞争性领域仍存在大量的国有企业，影响到市场公平竞争的实现。其次，垄断行业改革相对滞后，自然垄断、行政垄断和经济垄断交织，阻碍了竞争性市场格局形成。最后，宪法和法律法规尽管已经明确民营经济平等参与市场竞争的权利，但或明或暗对民营经济参与市场竞争仍有诸多限制，在市场准入、企业融资和土地使用等方面仍存在各种隐性壁垒，民营企业进入网络型自然垄断行业、公用事业、社会性服务等领域仍存在“玻璃门”，看似无门实有门。

四是市场体系运行规则不够完善，市场体系运行的有序性还亟待维护。首先，垄断行业现代监管制度还不完善，特别是符合我国垄断行业特点的监管规则尚未建立。其次，市场法治化发展相对滞后，在市场运行的一些方面如新兴经济监管尚存在法律真空，或者部分维护市场运行的法律法规条款已显陈旧，不能适应市场体系建设新要求。最后，部分地方政府利用地方法规对市场进行行政干预的行为难以杜绝，公平竞争审查制度亟待加强和完善。

（二）对策建议

一是加快政府职能转型，破除阻碍商品和要素流动的各种壁垒。首先，完善政府绩效考核制度，提高对政府维护市场竞争秩序工作的考核，鼓励企业和消费者举报市场分割、地方保护和市场垄断行为，积极消除此类做法。其次，完善交通和电信等基础设施，进一步畅通商品和要素流动渠道。最后，深化户籍、金融体制改革，破除各种阻碍劳动力和资金自由流动的体制性壁垒。

二是加快推进对外开放，实现市场体系更高层次融入全球市场经济体系。首先，以国民待遇、审慎监管为基线，在防范风险的基础上，逐步放松金融市场管制，逐步允许境内外投资者参与我国多层次资本市场建设，促进资本市场规范化和国际化发展。其次，继续推进利率市场化改革，加强金融机构的利率定价机制建设，建立科学合理的利率形成机制。最后，深化汇率制度改革，建立更具弹性、更加灵活的汇率制度，拓展人民币汇率形成的市场基础，促进跨境资金自由有序流动。

三是实行统一的市场准入制度，进一步营造公平竞争的市场环境。首先，进一步完善负面清单制度，在此基础上，统一市场准入标准，确保各类市场主体可依法平等参与市场竞争。其次，继续推进国有企业改革和国有经济战略性调整，优化国有经济布局，推动国有企业从一般竞争性领域退出，积极推动国有企业混合所有制改革，取消国有企业超国民待遇。再次，加快推进垄断行业改革，真正实现政企、政资分开，优化垄断行业产业组织结构，积极引入市场竞争机制，实现垄断和竞争性环节分离，提升市场竞争效率。最后，落实国家促进民营经济发展的各项政策，理顺国有经济和民营经济的关系，着力破除各种体制下的障碍，确保民营经济可以平等参与市场竞争。

四是完善市场运行的法律规则和治理体系，积极维护市场竞争秩序。首先，进一步清理和废除妨碍全国统一市场和公平竞争的各项规定和做法，完善反垄断法和反不正当竞争法及相关维护市场有序运行的法律法规，消除法律空白和缺漏，依法对各种垄断和不正当竞争行为以及行政干预市场竞争行为进行规制。其次，强化反垄断机构职能，完善公平竞争审查制度，推动公平竞争审查制度由以自我审查为主、外部审查为辅向以外部审查为主、自我审查为辅转变，有效约束政府行为。再次，统一监管执法标准，积极利用现代监管技术，完善事前事中事后全流程监管，消除选择性执法行为，整顿和规范市场秩序，维护企业和消费者合法权益。最后，努力培育和规范各类市场中介组织，推进社会力量参与市场监管。

执笔：王磊　梁俊

附录表 3-1　指标计算说明

分项指数	目标指数	指标	指标说明	数据来源及处理
商品市场体系成熟度指数	统一性	商品市场一体化	用相对价格法计算的商品市场分割指数衡量。商品市场分割指数越低，说明商品市场一体化程度越高	计算商品市场分割指数的基础数据是各省（区、市）历年来消费者价格指数
		交通基础设施发展	用铁路货物周转率衡量。铁路等基础设施发展，促进了商品自由流通，可显著促进商品市场一体化	基础数据来源于国家统计局统计数据库
		电信基础设施发展	用电话普及率衡量。电话普及率越高，信息传播成本下降幅度越大，越能促进商品市场统一性和交易效率的提升	基础数据来源于国家统计局统计数据库
		社会零售商品总额占 GDP 比重	该指标侧面反映商品市场统一性。一般而言，商品市场统一性越高，商品流通越便利，商品市场越发达，社会零售商品总额越大	基础数据来源于国家统计局统计数据库
	开放性	对外贸易依存度	用进出口总额占 GDP 比重衡量商品市场对外开放程度	基础数据来源于国家统计局统计数据库
		FDI 占全社会固定资产投资完成额比重	用该指标衡量商品市场对外资企业的开放程度	1983—2019 年实际利用外资额来源于统计年鉴，《新中国六十年统计资料汇编》提供了 1979—1982 年实际利用外资总额为 130.6 美元，采用等差数列法和插值法，补齐了 1978—1982 年各年数据

续表

分项指数	目标指数	指标	指标说明	数据来源及处理
商品市场体系成熟度指数	竞争性	非公有经济工业总产值占全部工业总产值的比重	该指标间接反映商品市场竞争程度。非公经济成分的增加，会显著增强商品市场体系的竞争性	基础数据来源于《中国统计年鉴》和《新中国六十年统计资料汇编》。工业企业统计口径多次变化，且2007年后不再公布工业总产值数，为此，2007年工业总产值数据开始使用主营业务收入数据替代
	有序性	政府支出占GDP比重	该指标反映了政府对经济干预的程度，一般来说，政府对经济干预越多，市场的有序性就越差	鉴于政府投资数据缺失比较严重，采用政府支出替代政府投资来衡量政府对经济干预水平。基础数据来源于国家统计局统计数据库
劳动力市场体系成熟度指数	统一性	劳动力市场一体化	用相对价格法计算的劳动力市场分割指数衡量。劳动力市场分割指数越低，说明劳动力市场一体化程度越高	基于各省（区、市）历年城镇单位就业人员平均实际工资指数，运用相对价格法，计算劳动力市场分割指数。基础数据来源于国家统计局统计数据库
		交通基础设施发展	用旅客周转量衡量。旅客周转量反映劳动力自由流动的便利程度	基础数据来源于国家统计局统计数据库
	开放性	劳动力参与率	用劳动参与率衡量劳动力市场开放性。劳动参与率越高，反映劳动力市场越开放，越富有灵活性	国家统计局1990年起对就业人数统计的口径进行了调整，参考Holz（2006）的方法，对1990年之前的就业人员数据进行了调整估计，确保1990年前后的数据口径一致可比。基础数据来源于国家统计局统计数据库

续表

分项指数	目标指数	指标	指标说明	数据来源及处理
劳动力市场体系成熟度指数	竞争性	城镇新增就业/全部就业人数比重	城镇新增就业是劳动力市场新的供给者，城镇新增就业占全部就业人员比重越大，说明劳动力市场的竞争性越强	城镇新增就业数据在就业人数基础上得到。基础数据来源于国家统计局统计数据库
		农村劳动力转移数占全部就业人口比重	该指标可衡量城镇劳动力市场竞争程度。一般而言，农村转移劳动力人口越多，劳动力市场竞争性越强	基础数据来源于国家统计局统计数据库
		城镇非公有经济单位就业人员平均工资与城镇单位就业人员平均工资比值	非公单位平均工资与城镇单位平均工资的比值越接近，说明劳动力市场竞争性越强，工资越趋向相同	基础数据来源于国家统计局统计数据库
	有序性	户籍城镇化率	用该指标刻画劳动力在城乡和不同产业部门流动的有序性	基础数据来源于国家统计局统计数据库
资本市场体系成熟度指数	统一性	资本市场一体化	用相对价格法计算的资本市场分割指数衡量。资本市场分割指数越低，说明资本市场一体化程度越高	根据固定资产价格指数构建分割指数。具体计算过程与商品市场和劳动力市场分割指数的计算类似。基础数据来源于国家统计局统计数据库

续表

分项指数	目标指数	指标	指标说明	数据来源及处理
资本市场体系成熟度指数	统一性	股票市值占GDP比重	资金市场统一性越高，股市融资越便捷，股票市值占GDP的比重也会越高	基础数据来源于国家统计局统计数据库
		国债发行量占GDP比重	国债发行量占GDP比重能反映资金市场的统一性	基础数据来源于国家统计局统计数据库
	开放性	美国购买中国国债占中国国债发行规模比重	美国购买我国债券规模占国债发行规模的比例增加反映资金市场开放度在增加	基础数据来源于美国财政部网站、Wind数据库和国家统计局统计数据库
		B股总市值占国内股市总市值比重	B股是供境外投资者投资的股票，B股市值占比越高，说明资本市场开放度越高	基础数据来源于Wind数据库和国家统计局统计数据库
	竞争性	全社会固定资产投资资金中外资、自筹和其他资金占比	外资、自筹资金和其他资金在来源中占比提高说明资本市场竞争性在增强	基础数据来源于国家统计局统计数据库
	有序性	政府存款余额占存款余额比重	该指标反映了政府对资本市场的干预程度和能力，通常政府对经济干预越多，市场的有序性就越差	基础数据来源于国家统计局统计数据库

资料来源：课题组整理。

附录表 3–2　市场体系成熟度总指数分阶段对应权重（单位：%）

总指数	分项指数	目标指数	指标	1978—1991 年			1991—2012 年			2013—2019 年		
				指标权重	目标指数权重	分项指数权重	指标权重	目标指数权重	分项指数权重	指标权重	目标指数权重	分项指数权重
市场体系成熟度总指数	商品市场体系成熟度指数	统一性	商品市场一体化	60	70	60	50	55	50	40	50	40
			交通基础设施发展	15			20			25		
			电信基础设施发展	15			20			25		
			社会零售商品总额占 GDP 比重	10			10			10		
		开放性	对外贸易依存度	70	10		75	12		80	10	
			FDI 占国内投资比重	30			25			20		
		竞争性	非公有经济工业总产值占全部工业总产值的比重	100	15		100	25		100	30	
		有序性	政府支出占 GDP 比重	100	5		100	8		100	10	
	劳动力市场体系成熟度指数	统一性	劳动力市场一体化	70	60	30	65	50	30	60	40	30
			交通基础设施发展	30			35			40		
		开放性	劳动力参与率	100	10		100	20		100	30	
		竞争性	城镇新增就业 / 全部就业人数比重	30	20		30	22		30	25	

续表

总指数	分项指数	目标指数	指标	1978—1991年 指标权重	1978—1991年 目标指数权重	1978—1991年 分项指数权重	1991—2012年 指标权重	1991—2012年 目标指数权重	1991—2012年 分项指数权重	2013—2019年 指标权重	2013—2019年 目标指数权重	2013—2019年 分项指数权重
市场体系成熟度总指数	劳动力市场体系成熟度指数	竞争性	农村劳动力转移数占全部就业人口比重	30	20	30	25	22	30	20	25	30
			城镇非公有经济单位就业人员平均工资 / 城镇单位就业人员平均工资	40			45			50		
		有序性	户籍城镇化率	100	10		100	8		100	5	
	资本市场体系成熟度指数	统一性	资本市场一体化	70	70	10	50	70	20	40	70	
			股票市值占 GDP 比重	5			30			30		
			国债发行量占 GDP 比重	25			20			30		
		开放性	美国购买中国国债占中国国债发行规模比重	100	10		80	10		60	10	
			B 股总市值占国内股市总市值比重	0			20			40		
		竞争性	全社会固定资产投资资金中外资、自筹和其他资金占比	100	10		100	10		100	10	
		有序性	财政存款余额占存款余额比重	100	10		100	10		100	10	

资料来源：课题组整理。

第四章 我国现代市场体系的微观构成要素

内容摘要：市场主体和交易平台是我国现代市场体系的重要构成要素。经过多年发展，我国市场主体发展协调性显著增强，“引进来”和“走出去”取得重大进展，阻碍市场主体发展的体制机制问题得到极大缓解，多种类、多形态、多层次的交易平台体系基本形成。目前，我国在进一步激发市场主体活力，完善交易平台方面仍面临若干挑战和问题。既有国际市场形势变化的挑战，也有市场主体发展环境、自身发展瓶颈的约束，部分市场平台还存在层次不清晰、市场不统一、无序竞争的问题。为进一步激发市场主体活力，构建和完善现代市场体系，未来需要在加强产权保护、完善现代企业制度、促进民营经济发展等多个方面持续发力、久久为功。

市场主体和交易平台是市场活动能够进行的必要基础，是现代市场体系的重要微观构成要素。我国改革开放已走过了40余年，总结我国市场主体和交易平台的发展现状和特征，分析其在进一步激发市场主体活力以及建立健全现代市场体系中存在的问题和短板，思考如何夯实我国现代市场体系建设的微观基础，具有重要的实践意义和价值。

一、相关概念和研究范围

市场体系是由市场主体、交易平台、市场客体、运行机制、保障制度等多方面内容构成的复杂系统。市场体系的构成要素内容多、范围广，本章将选取市场主体以及交易平台两个重要的微观要素进行分析。一方面，这两个要素是市场体系中核心的微观基础，是市场体系中能动性最强、最有活力的成分。另一方面，这两个要素与党的十九大报告和2017年的中央经济工作会议反复强调的“要激发各类市场主体活力”有密切联系。

（一）市场主体的概念

市场主体是指具有独立的产权资格，依法成立并实行独立经营、自负盈亏的企业组织和经营者。至于参与市场交换进行购买活动的消费者、政府、社团，虽然也是市场交换的当事人，但不是严格意义上的市场主体[①]。鉴于企业是市场主体中最主要的部分[②]，且统计口径较为一致，本章所指的市场主体主要指企业。我国的市场主体大致可分为三大所有制特征的企业类型，即国有企业、民营企业和外资企业（民营企业和外资企业又可统称为非国有企业）。其中，国有企业包括国有独资企业、国有控股企业[③]；民营企业包括内资

① 马洪．中国改革全书：1978—1991［M］．大连：大连出版社，1992.

② 国家对市场经济的法律规制课题组．国家对市场经济的法律规制［M］．北京：中国法制出版社，2005.

③ 根据国资委的定义，我国的国有及国有控股企业，包括中央管理企业、中央部门和单位所属企业以及36个省（自治区、直辖市、计划单列市）的地方国有及国有控股企业，不含国有金融类企业。

企业中除了国有企业之外的市场主体，主要成分是私营企业和个体经营户[①]；外资企业包括我国港澳台商投资企业[②]、外商投资企业。

（二）交易平台的概念

交易平台是市场化交易进行的场所，是重要的市场基础设施。买卖双方通过交易平台能够高效率、低成本的实现交易，提高市场运行的效率。交易平台的构成要素主要包括三方面：一是进行交易的平台，这是交易平台的核心要素。二是在平台上进行交易的企业。三是平台的交易规则，主要包括：准入条件、交易模式、费用和利益的分摊方式、冲突的协调及解决途径和办法、违规的惩处、跨平台业务处理准则、紧急情况的处置等。

现代交易平台是由多个具有不同功能的市场平台互联互通形成的功能完整的市场交易系统，包括商品交易平台、物流配送平台、信息服务平台、金融服务平台、中介服务平台、市场管理平台（公证、仲裁、监督）等。这些功能不同的平台通过协议方式实现联通与合作，协议的内容包括系统的接口标准、业务标准、统一规则的建立、利益的分配方式等。

二、我国市场主体和交易平台的发展现状及特征

改革开放 40 多年来，我国市场主体和交易平台改革有序推进，市场主体发展协调性显著增强，国际化水平显著提升，体制机制约束明显缓解，多种类、多形态、多层次的交易平台体系基本形成。市场主体和交易平台的发展

① 1999 年国家统计局为了统计方便，将不是企业的个体经营户纳入登记注册类型，本书也将个体经营户算作市场主体（民营企业）范畴。

② 文献中有把港澳台投资企业视为外资企业的惯例。

为经济体制改革的顺利推进、人民生活水平的不断提高，以及由高速发展阶段向高质量发展阶段的转换提供了重要支撑和保障。

（一）民营企业发展水平显著提升

改革开放之初，我国尚未建立相互竞争的市场结构，微观市场主体发展不健全，国有经济处于主导地位，而民营企业发展非常滞后。随着改革和发展的持续推进，我国市场主体发展的协调性显著增强，过去作为“有益补充”“必要补充”的民营经济逐渐成为推动我国经济社会发展不可或缺的力量。

一是促进民营经济发展的政策体系逐渐完善。自社会主义市场经济体制目标提出以来，国家对民营经济的支持力度持续加大。1993 年党的十四届三中全会强调“鼓励个体、私营、外资经济发展”，并提出“对各类企业一视同仁”，非公有制经济获得公平国民待遇的问题开始受到重视。1999 年的《中华人民共和国宪法修正案》提出各类非公经济是“社会主义市场经济的重要组成部分”，这标志着对非公经济的定位已经由“体制外”转向了“体制内”。2002 年党的十六大进一步提出两个“毫不动摇”，即在“毫不动摇地巩固和发展公有制经济”的同时，还要“毫不动摇地鼓励、支持和引导非公有制经济发展”，政府促进非公经济发展的决心更加坚定。2005 年和 2010 年非公经济“旧 36 条”和“新 36 条”[①] 相继出台，非公经济的一些重要经济权益，如市场准入、财税金融支持等从政策层面得到了保障。2013 年党的十八届三中全会将非公经济的地位提升到一个新的高度，指出“公有制为主体、多种所有制经济共同发展的基本制度，是中国特色社会主义制度的重要支柱，也

① 非公经济“旧 36 条”和“新 36 条”分别指 2005 年和 2010 年国务院发布的两个支持非公经济发展的文件，即《国务院关于鼓励支持和引导个体私营等非公有制经济发展的若干意见》和《国务院关于鼓励和引导民间投资健康发展的若干意见》。

是社会主义市场经济体制的根基。公有制经济和非公有制经济都是社会主义市场经济的重要组成部分，都是我国经济社会发展的重要基础”。这为随后大量鼓励民营经济发展的政策出台奠定了基础。2013 年之后，国务院已经连续进行了三次《政府核准的投资项目目录》修订，不断放宽市场准入限制。2014 年以来“大众创业、万众创新”在全国快速推广。同年 10 月，国务院发布了《关于扶持小型微型企业健康发展的意见》，从落实优惠政策、加大资金支持等 10 个方面扶持小微企业发展。此外，营造企业家健康成长环境，弘扬优秀企业家精神也成为政府工作的重要任务。

二是民营经济在国民经济中的地位显著提升。截至 2017 年底，我国民营企业数量超过 2 700 万家，个体工商户超过 6 500 万户，注册资本超过 165 万亿元。民营经济贡献了 50% 以上的税收，60% 以上的国内生产总值，70% 以上的技术创新成果，80% 以上的城镇劳动就业，90% 以上的企业数量。在世界 500 强企业中，我国民营企业由 2010 年的 1 家增加到 2018 年的 28 家[①]。2017 年的网络流行词“中国新四大发明”的高铁、移动支付、共享单车和网购，除高铁外，其他三项都是由民营企业创新发展起来的。实践证明，在“两个毫不动摇”等方针支持下，我国民营经济发展持续提速，并发展成为今天的强国经济、富民经济、创新经济、活力经济和开放经济，成为我国社会主义市场经济的重要组成部分和经济社会发展的重要基础。

（二）市场主体“引进来”和“走出去”都取得巨大进展

目前我国已基本形成“引进来”和“走出去”并重，陆海内外联动、东西双向互济的开放格局。

① 习近平 . 在民营企业座谈会上的讲话［N］. 人民日报，2018-11-2.

一是在“引进来”方面取得巨大进展。我国把握住了发达国家和地区产业转移的机遇以及全球化的机遇，积极引进外资，在促进了我国外资企业发展的同时，也显著带动了我国经济社会发展。自 1993 年以来，我国吸引外资数量一直居发展中国家首位，自 2008 年以来，我国吸引外资数量一直居全球前三位，2014 年居全球首位。根据国家统计局的数据，我国外资企业投资项目数量从 1985 年的 3 145 个增长到 2019 年的 40 888 个，同期实际利用外资金额从 48 亿美元增长到 1 381 亿美元，分别是原来的 13 倍和 29 倍。此外，我国近年来引进外资企业的领域不断拓宽，层级不断提升。随着与外资企业发展相关的法律环境逐渐改善，行业准入限制不断减少，外资企业在我国进入了一个全方位的转型发展时期。

二是在“走出去”方面不断取得突破。我国积极利用全球化和“一带一路”建设的机遇，对外投资水平不断提升。根据国家统计局的数据，我国每年的对外投资净额已经从 2003 年的 29 亿美元上升到 2018 年的 1 430 亿美元，年均增长 30%。对外承包工程合同数量从 2003 年的 3 708 份增长到 2018 年的 10 985 份。合同金额从 2003 年的 177 亿美元增长到 2018 年的 2 418 亿美元。根据商务部的数据①，2018 年，我国企业在“一带一路”沿线对 56 个国家和地区非金融类直接投资 156.4 亿美元，同比增长 8.9%，占同期对外投资总额的 13%。

（三）阻碍市场主体发展的体制机制约束极大缓解

改革开放之初，我国市场主体的发展面临较明显的体制机制约束。通过

① 中华人民共和国商务部 . 2018 年 1—12 月我对“一带一路”沿线国家投资合作情况 [R/OL] . (2019-01-22) [2020-09-02] . http://www.mofcom.gov.cn/article/tongjiziliao/dgzz/201901/20190102829086.shtml.

持续改革，这些制约市场主体发展的问题逐渐得到解决和完善。

国有企业方面，一是国企改革顶层设计基本完成。2015 年，党中央、国务院出台了《关于深化国有企业改革的指导意见》（以下简称《意见》），《意见》成为后一阶段改革的纲领性文件。截至目前，以《意见》为统领，以若干文件为配套的“1+N”政策体系已经形成（其中“N”指配套文件，截至 2021 年初已出台 35 个）。二是现代企业制度不断完善。在公司制改革方面，截至 2017 年，全国国有企业公司制改制覆盖面已经达到 90%，国资委监管的中央企业各级子企业公司制改制覆盖面达到 92%，省级国资委监管企业改制覆盖面达到 95.8%，其中 20 个地方国资委所监管的一级企业全部完成改制。在董事会建设方面，截至 2017 年，建设规范董事会的中央企业已经达到了 83 家。中央企业二级国有独资、全资企业中，建立董事会的占到了 49.8%。各省（区、市）国资委所监管的一级企业中则有 92% 已经建立了董事会。在国企分类改革方面，目前中央企业功能界定与分类工作已经完成，分类的考核分配政策正在逐步落地，29 家省级国资委出台了分类的意见或方案[①]。

民营企业方面，在完善现代企业制度上取得了积极成效。自党的十四届三中全会提出建设现代企业制度以来，不少民营企业不断学习相关法律制度，健全公司治理结构和组织管理制度。公司现代企业制度改革逐渐深化和完善，治理水平和管理效率显著提升。“中国上市公司治理指数”数据显示，2003 年至 2018 年，我国上市公司治理水平整体呈上升态势，民营上市公司治理水平连续多年高于国有上市公司[②]。

---

① 国务院国有资产监督管理委员会 . 一张图读懂国企改革这五年［R/OL］.（2017-09-29）［2021-03-25］. http://www.sasac.gov.cn/n2588030/n2588924/c7941469/content.html.

② 王海兵，杨蕙馨 . 中国民营经济改革与发展 40 年：回顾与展望［J］. 经济与管理研究，2018，39（4）：3-14.

（四）多种类、多形态、多层次的交易平台体系基本形成

经过多年发展，我国逐渐形成了结构功能完备的交易平台体系，其主要特征表现在如下三个方面。

一是覆盖各个重点市场的多种类交易平台基本形成。从大类上看，目前我国的交易平台可分为商品市场领域的消费品交易平台、大宗商品交易平台，要素市场领域的股票和债券交易平台、产权交易平台、人才和劳动力市场交易平台、土地流转平台等（见图 4–1）。其中一些重点市场的交易平台又可以进一步细分。例如，大宗商品市场交易平台可分为能源交易平台（石油、天然气、化工产品等）、有色金属交易平台（铜、铝、锡、铅、锌等主要金属和稀有金属）、黑色系工业品交易平台（煤炭、铁矿石、钢材等）、贵金属交易平台（金、银、铂）和农产品交易平台（大豆、玉米、小麦等）。

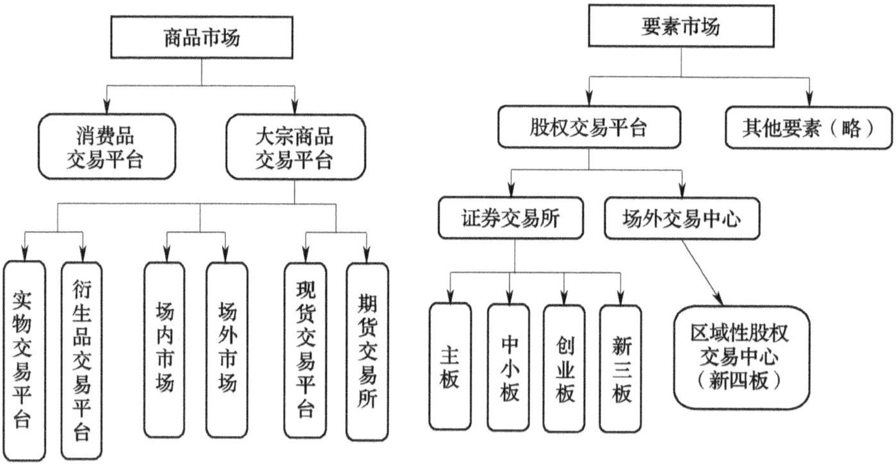

图 4–1　交易平台市场分类示例图

二是交易平台的形态呈现多样化。既有实物交易平台和衍生品交易平台，也有场内交易平台和场外交易平台，还有现货交易平台和期货交易平台。这

些交易平台的形态还可以进一步细分。例如，现货交易平台可以细分为现货交易平台和现货贸易平台两种形态。

三是部分重点市场已形成多层次的交易平台体系。股权交易平台体系是其中最具代表性的，从上至下分为主板市场、中小板和创业板、新三板、新四板四个层次。主板市场是为国内优质上市企业提供融资的平台，位于金字塔的顶层。中小板和创业板作为第二层次，为不能满足在主板上市的企业提供融资服务。新三板是为高新技术企业和广大的中小企业提供融资服务，是场内金字塔的基座部分。以上三类股权交易平台都属于场内交易平台，即沪、深证券交易所。新四板市场也称区域性股权交易中心，是为特定地区内非上市的中小企业提供融资等资本市场服务，满足企业从创立到成长到上市不同阶段的需求，如股权众筹、债权、股权转让、并购重组、上市筹划等。新四板是我国多层次交易平台体系的重要组成部分。我国中小企业数量庞大，沪、深证券交易所远远不能满足众多企业多样化股权交易和融资需求，新四板有助于解决非上市中小企业资金筹集和股权交易的难题，新四板的优质企业可转板进入新三板、中小板、创业板平台，使资源实现优化配置。

三、激发市场主体活力所面临的挑战与问题

激发市场主体活力、完善交易平台是促进经济高质量发展的重要举措。党的十九大报告明确强调要“激发各类市场主体活力”，还提出要构建“三有”经济体制[①]，其中包含了“微观主体有活力”的内容。2017 年的中央经济工作会议再次强调，“要激发各类市场主体活力”。之所以反复强调这一点，是因为尽管我国社会主义市场经济体制不断完善，但仍然存在束缚市场主体

① “三有”经济体制即“市场机制有效，微观主体有活力，宏观调控有度”的经济体制。

活力、阻碍市场和价值规律充分发挥作用的弊端。这些问题不解决好，完善的社会主义市场经济体制是难以形成的，转变发展方式、调整经济结构也是难以推进的[①]。激发市场主体活力，既要着眼于市场主体本身，也要着眼于与市场运行效率紧密相关的交易平台。具体来说，进一步激发各类市场主体活力的必要性和紧迫性体现在以下四个方面。

（一）国际市场形势变化带来严峻挑战

第一，多变的国际形势带来了经营风险。例如，2018 以来美国高举贸易保护主义大旗，以缩小贸易逆差、保护知识产权等借口为由，实施了一系列贸易保护主义政策。尽管我国经济实力今非昔比，有能力承受贸易摩擦的冲击，但贸易摩擦无疑给我国市场主体的发展带来了巨大的风险。一旦高关税长期大面积开征，我国出口企业的竞争力将被削弱，进口企业也将面临寻找替代市场的压力，此外，跨国企业还可能会因为对紧张形势的担忧而调整在华布局。

第二，我国企业“走出去”也面临挑战。由于相关国家在经济发展、国家治理、社会发展、人文环境等方面存在较大差异，我国企业在“走出去”过程中不可避免会遇到由此产生的风险和挑战。例如，一些地区存在多元的宗教环境，让不少企业产生困惑；有的国家社会不稳定因素较多，企业投资风险较高；有的国家道路交通、厂房电力能源等基础设施不完善，工程项目建设投资大、周期长；有的国家对“一带一路”建设存在误解，参与建设的积极性不高。除此之外，相关国家的政治法律体系、语言文化习俗、商业规则标准不同，对我国企业的经营管理与适应能力提出了很高要求。[②]

---

① 杨英杰．激发各类市场主体活力［R/OL］．（2017-12-29）［2020-09-15］.http://theory.people.com.cn/n1/2017/1229/c40531-29735564.html.

② 吴志成．有效应对企业“走出去”的风险挑战［N］．人民日报，2017-11-10.

（二）市场主体发展环境亟待改善

第一，营商环境仍有待提升。营商环境是滋养企业发展、创新创业的丰厚土壤，直接影响国家或地区经济发展的质量和速度。优化营商环境是目前我国经济发展的重点、热点和难点问题。我国近年来在改善营商环境上做了大量工作，营商环境明显改善，根据世界银行 2019 年 10 月 24 日发布的《2020 年全球营商环境报告》，我国营商环境全球排名继 2018 年从此前的 78 位跃至 46 位后，2019 年再度提升，升至第 31 位，连续两年入列全球优化营商环境改善幅度最大的十大经济体，位列东亚太平洋地区第 7 位，仅次于日本。尽管近几年我国营商环境大幅改善，但相对我国经济的全球地位而言，营商环境仍有巨大提升空间。目前我国营商环境存在若干有待完善的问题，如开办企业登记便利度不够高，政府部门内部之间衔接不畅，政企沟通缺乏畅通渠道，企业退出机制有待完善，企业获得感不强；有的市场准入门槛高，搞地方保护，各种隐性壁垒不同程度存在；有些监管理念和管理模式滞后，无法适应新经济发展特点等[①]。

第二，知识产权保护力度有待加强。2018 年 4 月 10 日，国家主席习近平在博鳌亚洲论坛年会发表主旨演讲时强调，“加强知识产权保护是完善产权保护制度最重要的内容，也是提高中国经济竞争力最大的激励”。近年来，为推进知识产权保护，我国在立法、司法、执法、行政、宣传教育等各方面都作出了巨大努力，并取得了显著成就。但目前我国知识产权保护仍有待加强，集中表现在侵权易发多发，维权仍面临举证难、成本高、赔偿低等问题，管理体制机制还不够完善等。在 2017 年的中国知识产权横琴论坛上，世界知识

---

① 李国强，马晓白 . 优化营商环境是促进高质量发展的重要基础［N］. 中国经济时报，2018-05-07（005）.

产权组织中国办事处负责人在接受采访时透露，“目前中国每年的知识产权纠纷案高达 13 万件，其中九成靠调解完成”①。

（三）亟须突破市场主体自身发展瓶颈

第一，体制机制问题仍然是制约市场主体发展的难题。体制机制问题在国有企业和民营企业中都有体现。国有企业方面，一些企业的市场主体地位仍未真正确立，现代企业制度还不健全，国有资产监管体制仍有待完善，国有资本运行效率还需进一步提高。民营企业方面，很多企业管理决策不科学，家族式管理模式盛行，“任人唯亲”和“一言堂”问题突出，引进和使用人才的机制不健全，《中华人民共和国劳动合同法》落实困难，非法融资、侵犯知识产权行为频频发生。这些体制机制问题直接影响了企业的发展和经济效益，并可能造成企业发展后劲不足。

第二，市场主体创新能力仍不能适应高质量发展要求。随着我国经济发展进入提质增效的新阶段，创新已成为结构调整和产业转型升级的第一动力。近年来，我国企业的创新能力不断提升，但与国际上一些创新型发达国家相比，我国企业的总体创新活力仍显不足，许多产业仍处于全球价值链的中低端，一些关键核心技术仍然受制于人。党的十九大报告作出了我国经济已由“高速增长阶段转向高质量发展阶段”的重要判断。高质量发展在企业发展方式上的重要体现就是发展由要素驱动为主转向创新驱动为主，随着我国要素成本不断上升，这种动能转换的迫切性也不断加强，未来，我国大量传统市场主体将面临越来越大的转型升级压力。

---

① 邓媛雯，印兴 . 中国每年知识产权纠纷案高达 13 万件 九成靠调解完成［R/OL］.（2017-08-29）［2020-09-20］.http://www.chinanews.com/gn/2017/08-29/8317092.shtml.

第三，企业家精神仍需进一步弘扬。当前，我国企业面临的发展环境、机遇和挑战与过去30多年存在较大差异，转型升级压力不断加大，要适应新趋势，就需要进一步弘扬优秀企业家精神，更好发挥企业家的积极性、主动性、创造性。一是实现高质量发展需要发挥企业家精神。当前我国已经进入高质量发展阶段，对高质量产品和服务的需求不断增加，但当前的供给结构仍未能跟上需求升级的节奏，中低端产品供给过剩，高质量产品供给不足。要适应未来市场的发展，企业家必须以需求变化为导向，勇于自我革命，不断提升产品和服务质量。二是商业模式的转变需要发挥企业家精神。当前新一轮科技革命兴起，数字技术与传统经济深度融合，极大改变了传统商业模式，企业家只有发挥开拓精神，把握技术趋势，才能在日新月异的技术变革时代抓住机遇。三是推动“大众创业、万众创新”需要企业家精神。目前我国经济面临一定的下行压力，创新创业不易，只有涌现一批具有吃苦耐劳、苦干实干精神，能发现机会、整合资源、勇于创新、敢于拼搏的企业家、创业者，才能更好带动全社会创业创新的热潮。

（四）部分市场平台仍存在层次不清晰、市场不统一、无序竞争的问题

第一，部分市场交易平台定位模糊、层次不清晰。一个涵盖实物与衍生品、现货和期货、场内和场外的分工有序、规范专业的市场平台体系，有利于更好地满足不同层次、不同种类的市场需求，提高对实体经济的整体服务水平。然而，目前我国部分市场的交易平台在发展过程中存在一定程度上的定位不清和无序发展问题。例如，一些大宗商品现货电子交易平台为了追逐利润，过于关注交易的金融属性，脱离了现货交易和服务实体经济，推出准期货、类期货等交易模式，进行实质性的期货交易，却缺乏期货交易所规范

的交易规则和监管机制，存在一定的风险隐患。

第二，部分市场行政分割、封闭的市场格局有待打破。部分重点市场交易平台还存在“一省一市场”“一市一市场”的市场格局，市场平台重复建设。例如，产权交易平台具有较强的地域属性，许多地方规定地方国有资产和政府公共资源必须在当地产权交易机构挂牌交易，异地产权交易平台难以涉足当地业务，以资本、品牌、商业模式为纽带的地方平台之间的整合及深度合作难以实质性推进。再如，各地地方政府出于增加地方税收、拉动地方经济的强烈利益诉求，纷纷设立大宗商品交易所，导致大宗商品现货交易平台重复建设。部分地方政府还会对外地大宗商品的流入流出设置重重障碍，使现货市场空间局限于狭小的地方市场，致使现货交易平台规模较小，市场交易清淡，规模经济效应不能得到有效发挥。

第三，部分市场平台存在无序竞争、交易品种结构失衡问题。以大宗商品市场为例，衍生品交易平台之间过度竞争，阻碍市场良性发展。交易品种存在结构失衡的现象。以有色金属、农产品为代表的部分品种投机氛围浓厚。一些品种因为盘子小、易炒作、盈利性好，成为许多交易平台竞相追捧的对象。在交易额排名前50家的大宗商品衍生品平台中，19家开展白银交易，11家开展铜交易，铝、镍、铂金、钯金等交易品种也较为普遍。

四、激发市场主体活力的主要任务

当前，既是攻坚克难的关键时期，也是大有作为的重要战略机遇期。为了进一步激发市场主体活力，做强、做优、做精各类企业，为建立和完善现代市场体系提供坚强支撑和微观基础，未来需要直面问题，推动现实矛盾顺利化解、重要任务稳步推进；需要准确把握战略机遇期内涵的深刻变化，充分利用各种有利条件，提升我国市场主体国际环境适应能力，营造更有利于激发市场主体活力的国内环境，促进市场主体高质量发展。

（一）以完善产权制度为重点，加大产权保护力度

党的十九大报告强调，经济体制改革必须以完善产权制度和要素市场化配置为重点。完善产权制度，加大产权保护力度对于激发市场主体活力至关重要。

第一，要加强各种所有制经济的产权保护。国有产权保护方面，要健全国有企业和国有资产产权保护与监管制度，进一步明晰国有产权所有者和代理人关系，推动实现国有企业股权多元化和公司治理现代化，健全涉及财务、采购、营销、投资等方面的内部监督制度和控制机制，强化董事会规范运作和对经理层的监督，完善国有资产交易方式，严格规范国有资产登记、转让、清算、退出等程序和交易行为，以制度化保障促进国有产权保护。非公经济产权保护方面，要健全非公有制经济依法平等使用各类生产要素和平等保护机制，废除对非公有制经济各种形式的不合理规定，消除各种隐性壁垒，保证各种所有制经济依法平等使用生产要素、公开公平公正参与市场竞争、同等受到法律保护、共同履行社会责任。

第二，要特别重视加强知识产权保护。一是要实行严格的知识产权保护制度。加快推动专利法修改，引入惩罚性赔偿措施，加大对各类侵权行为的惩治力度，让侵权者付出沉重的代价。二是要积极构建知识产权“大保护”的工作格局。国家知识产权局应和其他相关部门一起，综合运用审查授权、行政执法、司法保护、仲裁调解等多种渠道，形成知识产权保护的合力。三是要积极推进知识产权的“快保护”。即利用知识产权保护中心的建设，实现快速审查、快速确权、快速维权的协调联动，提高保护的效果。四是坚持做到知识产权的“同保护”。即对国内企业和国外企业的知识

产权一视同仁，同等保护；对国有企业和民营企业的知识产权一视同仁，同等保护；对大企业和小微企业的知识产权一视同仁，同等保护；对单位和个人的知识产权，也要一视同仁，同等保护，营造更好的创新环境和营商环境[①]。

（二）深入推进混合所有制改革，完善现代企业制度

当前，为克服体制机制障碍，需进一步推进混合所有制改革，持续完善现代企业制度。

第一，要深入推进混合所有制改革。一方面要重点推进大型国有企业集团公司层面进行混改，具体来说，可通过引进战略投资者、兼并重组、公开募股、交换股权、中外合资等办法进行股份制改革，通过增持减持的股权流转和交易，实现股权结构优化，促进公有、非公有资本双向进入，交叉持股、融合发展[②]。另一方面要鼓励非公资本参股或控股混合所有制经济。按照市场导向和公开公正原则，构建有效的利益共享和风险共担机制，优化市场结构，提高企业活力和效率。此外，在混改中要兼顾地方差异，有针对性地推进。不同地区国有企业的特点、面临的问题存在差异，在实施混改时，要进行专题调研，有针对性地采取措施，综合施治，不能“削足适履”，不能搞“一刀切”。

第二，进一步完善现代企业制度。要按照公司法的要求，进一步引导市场主体规范组建公司股东会、董事会、监事会和经理层，明确各自的职权及

---

① 车柯蒙 . 国家知识产权局局长申长雨：四项举措加大知识产权保护力度［R/OL］.（2018-03-13）［2020-09-01］.http://ip.people.com.cn/GB/n1/2018/0313/c179663-29865678.html.

② 臧跃茹，刘泉红，曾铮 . 促进混合所有制经济发展研究［M］. 北京：社会科学文献出版社，2018.

议事规则，按照现代企业制度要求，在议事程序、决策程序、议事规则、财务规则、工作准则和工作守则等方面规范运作。要继续深化企业人事、用工、分配制度改革，建立更加科学的考核分配和激励约束机制，完善经营管理者激励机制，深化企业内部管理人员能上能下、员工能进能出、收入能增能减的制度改革。

（三）帮助民营企业解决发展中的困难，激发民营经济高质量发展的内生动力

当前，我国民营企业在经营发展中仍然面临不少困难和问题，这些困难和问题是外部因素和内部因素、客观原因和主观原因交织叠加的结果，要解决这些问题，一方面要帮助民营企业扫除发展障碍，另一方面要激发民营经济发展的内生动力，促进其高质量发展。

第一，要帮助民营企业解决发展中的困难。习近平总书记 2018 年在民营企业座谈会上强调“当前一些民营经济遇到的困难是现实的，甚至相当严峻，必须高度重视”，并指出“这些困难是发展中的困难、前进中的问题、成长中的烦恼，一定能在发展中得到解决”。具体来说，应着重在以下三个方面集中发力。一是要减轻企业税费负担。要推进增值税等实质性减税，对小微企业、科技型初创企业实施普惠性税收免除，并根据实际情况，降低社保缴费名义费率。二是要解决民营企业融资难融资贵问题。要增加民营企业的信贷，特别是小微企业的信贷，支持民营企业发债，并研究设立民营企业股权融资支持工具。三是要完善政策执行方式。要加强政策协调，推动政策落地，增强民营企业的获得感，不能随意对民营企业抽贷断贷，安检、环保执法要从实际出发，不能搞“一刀切”。

第二，激发民营经济高质量发展的内生动力。破解民营经济发展困境，

促进民营经济高质量发展，需要政策支持，也离不开民营企业自身的努力。一方面，民营企业要练好内功，释放内生动力，勇于自我革命，企业要根据各自具体情况，提升经营能力和管理水平，完善法人治理结构，拓展国际视野，提升创新能力，打造核心竞争力。另一方面，新一代的民营企业家要继承和发扬老一辈企业家艰苦奋斗、敢闯敢干、聚焦实业、做精主业的精神，努力把企业做强做优。

（四）加大双向开放，更好地“引进来”和“走出去”

加大双向开放能促进国内国际要素有序流动，资源高效配置，市场深度融合，市场主体活力提升，能加快培育国际经济新优势。

第一，进一步扩大对外开放，放宽准入限制，提升利用外资水平。要积极有效引进境外资金和先进技术，提升利用外资综合质量，放开育幼、建筑设计、会计、审计等服务领域外贸准入限制，扩大银行、保险、证券、养老产业等市场准入。鼓励外资更多投向先进制造、高新技术、节能环保、现代服务业等领域和中西部及东北地区，支持设立研发中心。

第二，为企业“走出去”提供充分后勤保障。要充分发挥开发性金融机构的引领作用，利用现有国际担保机构化解和分担投资风险，建立完善海外投资金融支持体系和担保机制，为企业“走出去”提供有力的资金支持；要完善风险评估机制，组建专门的综合性服务平台和网络信息系统，为企业“走出去”提供信息咨询服务、财务法律技术支持等，用法律和经济手段有效降低企业投资和生产经营风险。①

① 吴志成．有效应对企业“走出去”的风险挑战［N］．人民日报，2017-11-10.

（五）弘扬优秀企业家精神，激发创新创业内生动力

未来需要进一步加大对企业家的支持力度，更好地激发企业家精神。

首先，支持企业家创新发展。第一，要激发企业家的创新活力和创造潜能，依法保护企业家拓展创新空间，持续推进产品创新、技术创新、商业模式创新、管理创新、制度创新，将创新创业作为终身追求，增强创新自信。第二，要提升企业家科学素养，发挥企业家在推动科技成果转化中的重要作用。第三，要吸收更多企业家参与科技创新政策、规划、计划、标准制定和立项评估等工作，向企业开放专利信息资源和科研基地。第四，要引导金融机构为企业家创新创业提供资金支持，探索建立创业保险、担保和风险分担制度。

其次，实现对企业家精准帮扶。对经营困难的企业，有关部门、工商联、行业协会商会等要主动及时了解困难所在、发展所需，在维护市场公平竞争的前提下积极予以帮助。支持再次创业，完善再创业政策，根据企业家以往经营企业的纳税信用级别，在办理相关涉税事项时给予更多便捷支持。加强对创业成功和失败案例研究，为企业家创新创业提供借鉴。

（六）发挥竞争政策的基础性作用，清理和废除妨碍统一市场和公平竞争的规定和做法

要激发市场主体活力，使市场在资源配置中发挥决定性作用，必须进一步破除各种不必要的市场壁垒和体制机制障碍，构建更加公平的市场竞争环境，发挥竞争政策的基础性作用。

第一，要加强反垄断执法。要推动反垄断执法常态化，充分调动各方参

与反垄断工作的积极性，建立健全垄断案件线索收集机制。要进一步壮大反垄断执法队伍，提高反垄断执法水平，不断加大执法部门在经营者集中审查、查处垄断协议和滥用市场支配地位方面的力度。要加强重点领域执法，重点查处对社会福利影响大、消费者反响强烈、竞争机制作用缺失相关领域的垄断行为。此外，还要加大对滥用知识产权排除和限制竞争案件的查处力度，加强执法部门之间的协调。

第二，要进一步清理阻碍市场主体发展的制度性障碍。一是要"放"。要消除制约企业发展的制度性障碍，包括逐步放宽部分行业市场准入限制，清理行业隐形壁垒，放宽外籍高端人才进出的制度性规定。二是要"改"。主要是全面改进政府职责中的短板、障碍与不作为。包括提升政策的稳定性和透明度，提升政策执行的一致性，促进各类所有制经济公平参与市场竞争等①。

（七）加快构建层次清晰、全国统一、竞争有序的市场平台体系

第一，打破地区分割、地方保护主义等阻碍商品和要素自由流动的体制障碍。强化法律保障，规范政府行为，对各级政府和部门涉及市场准入、商品要素流动的法规、规章和规定进行全面清理，废除妨碍全国统一市场和公平竞争的规定和做法，构建全国统一市场。

第二，强化公平竞争、优胜劣汰的市场机制，推动全国性交易平台建设。通过形成开放、有序竞争的市场，引导交易平台之间进行兼并重组，允许市场平台经营机构在异地吸纳"成员所"、设立分支机构，发展经纪会员，产权交易机构可通过"成员所"的方式加盟市场平台经营。在全国范围内形成若

① 张威．我国营商环境存在的问题及优化建议［J］．理论学刊，2017（5）：60–72.

干全国性平台，彻底破除市场的行政壁垒。

第三，构建定位清晰、差异化发展的市场平台。通过制定法律法规，明确和规范各交易平台的业务范围、交易品种、交易模式。完善交易平台设立的审批制度，减少盲目投资和重复建设，对部分投资过热的平台取消其审批权限。

执笔：梁俊　周适

第五章
现代市场体系的运行机制

内容提要： 市场机制包含价格机制、竞争机制、供求机制等内容，是市场高效配置资源的关键。完善的市场机制对市场中的微观主体、市场运行规则以及供求和价格形成都有较高的要求，可以通过调节价格和供求来引导资源配置，促进市场出清。当前，影响我国市场机制有效的制约因素主要有产权保护不力、要素配置市场化程度不高、市场监管不完善、竞争秩序不规范、营商环境有待进一步优化等。需要把统一开放竞争有序作为完善市场机制的方向，以产权有效激励为目标进一步加大产权保护力度，以要素自由流动为目标加快推动要素市场改革，以建立科学的监管体制为目标推动监管现代化，以推动竞争公平有序为目标加快确立竞争政策基础性地位，以激发市场主体活力为目标不断改善营商环境，加快建立高标准市场体系。

统一开放竞争有序的现代市场体系是现代化经济体系的重要组成部分。现代市场体系的有序运转离不开完善的市场机制，有效的市场机制是市场高效配置资源的关键。经过 40 余年的改革开放，我国已经建立起了较为完善的市场机制，市场机制的有效运行为各类商品和要素的自由流通、消费者的自由选择、企业的自主经营奠定了坚实基础，也为经济平稳增长创造了有利的市场条件。随着我国经济进入高质量发展阶段，经济发展的新旧动能正在接续转换，经济发展的质量和效益需要进一步提升，这也对现代市场体系提出了更高要求。新形势下，必须有力推进政府和市场之间的共生互补，着力构建市场机制有效、微观主体有活力、宏观调控有度的经济体制。尤其是在市场机制方面，需要通过优化市场结构、完善市场规则、改善营商环境，进一步发挥价格机制、供求机制、竞争机制的作用，推进市场准入畅通、市场开放有序、市场竞争充分、市场秩序规范，促进市场在资源配置中决定性作用的发挥。

一、市场机制概述

（一）市场机制的概念

市场机制是一个在国内经济学语言体系和政策文件中被广泛使用的概念，其精确的定义和深入的探讨更多存在于马克思政治经济学相关著作和文献之中。在西方经济学教材和文献中，并没有对市场机制的详尽分析，尤其是在西方经济学基础教程的概念索引中并没有出现市场机制（market mechanism）这一概念。因此，我们结合国内学者对市场机制的分析来阐述其概念。

原中国人民大学政治经济学系主任宋涛教授主编的《政治经济学教程》对市场机制有较为详尽的阐述，该教程把市场机制定义为“市场中各种市场要素（价格、竞争、供求、利润、利息、工资等）之间的相互制约和互为因果的联系与作用”（宋涛，2016）。该定义把价格机制、竞争机制、供求机制、信贷利率机制、工资机制等作为市场机制的具体表现形式。

中国社会科学院经济研究所编写的《现代经济词典》把市场机制定义为“以市场为基本联结方式，即在商品等价交换关系的基础上，各种经济活动之间内在的相互作用，或各种经济行为发生与形成的内在过程”（中国社会科学院经济研究所，2005）。该定义认为市场机制包括价格机制、竞争机制、供求机制等，通过这些机制实现市场经济体制的功能。市场机制发挥作用的基本载体是市场，通过市场联结各类市场主体，贯穿社会再生产的各个环节，借助价格变动、供求关系变化、市场主体之间的竞争，在资源配置中发挥基础性作用。

（二）市场机制的基本构成

多数学者认为市场机制主要包括价格机制、竞争机制、供求机制，也有部分学者认为市场机制还包括信贷利率机制、工资机制、风险机制等内容。

1. 价格机制

价格机制是指在市场竞争过程中，市场上某种商品、服务或要素市场价格的变动与市场上该商品、服务或要素供求关系变动之间的有机联系和运动。在市场经济条件下，特定商品的市场价格与市场供求相互联系、相互制约。在竞争性市场中，商品的市场价格上涨，反映出商品供不应求；价格下跌，则表明供过于求。市场价格与市场供求相互作用，使市场中的商品价格围绕价值上下波动，供求关系趋向于均衡，在特定的价格水平下市场出清。在价格机制作用下，价格信号成为市场供求的指示灯，价格变动成为社会资源流向的“导航仪”，价格机制是市场实现对资源有效配置的最主要机制（宋涛，2016）。

在市场经济中，价格机制通过多种方式发挥作用：一是生产者在利润最大化目标下，根据成本和价格变动趋势来调整生产规模。二是生产者以价格作为竞争手段，根据市场信息来调整产品价格。三是消费者根据产品价格变动趋势和不同产品比价来确定消费结构和数量。四是国家根据价格总水平释放的信号来实施宏观调控。

2. 竞争机制

竞争机制是指在市场经济运行中，竞争同供求关系、价格变动和各生产要素流动等市场活动之间的有机联系与作用（宋涛，2016）。竞争机制是市场机制中优胜劣汰的手段和方法。市场经济条件下，企业为了追求利润最大化，往往会开展价格竞争、质量竞争、创新竞争以及其他维度的竞争，通过竞争企业实现优胜劣汰。即便是消费者也会为追求自身效用最大化而进行购买竞争。通过多主体、多维度的竞争，最终推动技术创新、产品质量提升以及行业和经济发展。

竞争机制是整个市场机制存在和发挥作用的前提条件，竞争机制也会通过多种方式发挥作用：一是在竞争机制作用下，企业追求利润最大化，并努力采用先进的技术设备，改善经营管理，提高劳动生产率，并根据市场需求合理配置生产要素，调整生产结构。二是在竞争机制作用下，各类生产要素与社会资源为获得更高回报与产出，在行业间、部门间、区域间合理流动，解决市场供求不平衡的矛盾。三是即便市场中没有直接竞争对手，考虑到潜在竞争者的进入，市场中的在位者也需要不断创新发展。

3. 供求机制

供求机制是指在市场经济中，市场的商品供求关系同价格、竞争等市场要素变化之间的有机联系（宋涛，2016）。市场经济条件下，供给取决于产品的技术水平、生产成本和产能等因素，需求取决于消费者的收入水平、偏好和流动性等因素。供给和需求往往对价格具有一定弹性，价格水平的变化可以调节供求，使市场在特定价格水平下实现静态的供求平衡。竞争也可以使市场主体不断进入或退出市场，改变市场的供给和需求，使市场实现动态的供求平衡。

供求机制发挥作用的方式有两种：一是供求关系变化通过价格作用使市场趋于均衡，随着价格变化，在市场需求和供给不变的情况下，通过需求量和供给量对价格作出反应使市场出清。二是供求关系通过竞争格局与竞争关系变化使市场趋于新的均衡。当商品供过于求时，竞争力弱的企业退出市场；当商品供不应求时，有新的企业进入。这两种情况出现时，市场的供给都会发生变化。相应地，当消费者的消费能力或者消费群体出现变化时，市场的需求也会发生变化。在竞争促使供给和需求发生变动时，竞争机制可以使市场进入新的均衡状态。

4. 风险机制

风险机制是指企业经济行为同企业前景不确定性之间相互作用、相互影响的关系。风险即为企业面临赢利或亏损的不确定性，这种不确定性又与企业成本、产品价格、市场份额、研发等面临的不确定性相关。市场中不确定性和风险普遍存在，是商品经济运行中一种最重要的强制力量，对企业具有激励和约束作用。在以经济利益为主要动机的条件下，风险机制要求企业在其承担的市场风险与收益或发展机会之间进行权衡抉择。

在市场经济中风险机制通过多种方式发挥作用：一是风险的存在迫使企业在获取利润与承担风险之间进行权衡，寻求合理的市场机会，减少盲目投资和扩张。二是由于风险机制的存在，促使企业更加重视改善经营管理、改进技术、提高质量、降低成本，通过努力降低企业经营风险。三是在市场经济中，风险与收益并存，企业可以根据其生产经营条件差别，在投资、研发、定价、营销等方面选择高中低等不同的风险策略。四是在企业生命周期和宏观经济周期的不同阶段，企业面临的风险各不相同，风险机制的存在要求企业结合自身发展阶段和经济周期调整经营策略。

除了上述四种机制之外，还有一些研究把信贷利率机制和工资机制作为市场机制的组成部分。事实上，由于利率和工资可以被看作是资本和劳动这两种生产要素的价格，因此，信贷利率机制和工资机制可以分别被看作是价格机制在资金市场和劳动力市场中的特殊表现形式。其中，利率的变动可以调节资金的供求关系和金融市场中的竞争关系，工资的变动可以调节劳动力市场的供求关系和竞争，进而推动资本和劳动要素在不同区域、不同行业中的有效配置。但与绝大多数商品和服务价格由市场决定不同，利率水平和工资水平都在一定程度上受政策直接影响，其中各国中央银行制定的政策利率已成为市场中资金定价的基准，而工资水平则会受最低工资水平和税制等因素影响。

（三）市场机制的理论分析

1. 马克思政治经济学的观点

马克思政治经济学认为市场机制是市场在资源配置中发挥决定性作用的关键。市场机制作为“看不见的手”，具有三大特性（宋涛，2016）。一是利益制约性。在市场经济条件下各类市场主体都是理性个体，会追求自身利益，企业追求利润最大化，消费者追求自身福利最大化。不同市场主体追求自身利益最大化，在这一目标下，利益得失引导着市场主体的行为，使市场进入一种自发的秩序稳定状态。可以说，没有利益制约，市场机制就难以发挥其作用。二是内在性。市场机制的作用是在一定经济条件下通过不同市场主体、不同要素的内在功能和相互关联而得以发挥。三是相互制约性。各类市场主体、各种生产要素都存在一环扣一环的关系，并因此而相互制约。比如，上游要素生产商的产品价格构成中游生产商的要素成本，下游消费者所能承受的商品价格影响生产商的利润水平，要素回报和企业利润又决定了要素所有者和企业主的收入水平。

在上述三大特性的支撑下，市场机制通过其综合作用来实现对社会经济生活的调节，宏观上使社会总供给与总需求平衡，微观上使市场上商品的品种符合消费者的多样消费需要。市场机制具有三方面优点：一是能够充分发挥利益杠杆对经济活动的巨大推动作用，促使企业不断创新，努力改进技术，降低劳动消耗，提高经济管理水平，实现优胜劣汰。二是可以通过价格杠杆和竞争功能，实现资源的合理配置，达到经济活动各方面的协调和平衡。三是能够发挥市场对经济信号反应比较灵敏的优势，促进生产和需求的协调和均衡。通过促进优胜劣汰、推动经济协调、调节供求均衡，市场机制有效地调节市场运行，促进经济发展。

但同时，马克思政治经济学也充分认识到市场机制具有自身难以克服的缺陷。因此，为了减小市场机制失灵带来的危害，政府需要实施必要的宏观调控，防止各种失衡现象诱发结构性矛盾，减小经济周期性波动，保证经济正常运行和持续协调发展。市场机制缺陷主要反映在三个方面。一是市场机制的调节作用具有盲目性。市场机制发挥作用离不开价格信号的指示和引导，虽然现实经济中价格由供求关系决定，但商品的供求除取决于企业正常生产和消费者基本需要外，还受多种因素影响，如货币供应、市场中的投机行为、自然灾害等。单纯以商品价格变动为导向来实现资源配置不可避免会产生盲目性，这种盲目性可能引发生产、消费或投资行为的盲目性。二是市场机制的调节作用具有滞后性。商品或服务价格往往取决于已经生产出来的产品或服务数量和消费者的现实需求，如果生产者在接受价格信号之后再来调节生产，可能导致其生产计划缺乏前瞻性，难以适应市场形势的变化。三是市场机制的调节作用具有浪费性。由于存在市场调节的滞后性，在生产领域可能导致价格上涨后生产者蜂拥而上，价格下跌后竞相退出的情况出现。由于生产者缺乏信息沟通和对全局的把握，可能导致市场中出现产能过剩，导致社会资源的大量浪费。

2. 现代西方经济学的观点

尽管现代西方经济学缺乏对市场机制这一概念的详尽阐述，但其对生产者和消费者行为以及市场均衡的分析对于我们理解市场机制有重要参考意义。西方经济学对市场机制的认识基于其对“自由市场（free market）”或者“自由放任市场（Laissez-faire market）”的研究。

西方经济学中的“自由市场”是一个相对于“受管制市场（regulated market）”的概念。在自由市场中，商品价格由开放市场以及其中的生产者和消费者自由决定，不受政府干预，也不受企业垄断势力和其他组织干预。经济学的古典时期，亚当·斯密认为价格这只看不见的手可以使经济均衡，政府只需要充当守夜人的角色。二十世纪三十年代，哈耶克认为市场机制可以促进经济体系中形成自发秩序，可以“比任何人为设计更好地分配社会资源”。

西方经济学的这种理念通过福利经济学的两个基本定理进行了较好的概括。福利经济学第一定理认为，在经济主体的偏好被较好定义的条件下，带有再分配的价格均衡都是帕累托最优的。作为其中的特例，任意的市场竞争均衡都是帕累托最优的。换言之，满足完全竞争、没有外部性、没有交易成本、完全信息、不存在规模经济等条件的自由市场实现的均衡是帕累托有效的。福利经济学第二定理认为，在纯粹交换经济中，只要消费者是凸性偏好，每一种帕累托有效率配置就有可能是一个竞争均衡。任何一种符合帕累托效率的资源配置状态都能通过完全竞争市场实现。正是基于这种认识，多数西方国家都把自由市场经济作为经济运行的基本形态，在国际经贸规则制定中也对“市场经济国家”和“非市场经济国家”区别对待。

福利经济学的两大定理论证了市场机制的有效性，也指出了市场机制有效的前提条件，因此，在市场失灵时需要政府对经济运行进行干预。对市场机制有效运行前提条件的不同认识也形成了当代经济理论的不同学派，根据不同学派对市场机制有效性的认识，从左到右形成了马克思主义、凯恩斯主义、芝加哥学派、奥地利学派等，越是靠右越相信自由市场经济。西方国家经过数百年的实践彰显了市场机制在资源配置中的决定作用，同时也证明了政府弥补市场缺陷的必要性。这为我国建设“市场机制有效”的社会主义市场经济体制提供了参考。

二、市场机制运行的基本原理

理论分析表明，市场机制作为配置资源的一种方式，并不是在任何条件下都能够有效运行，市场机制有效配置资源需要具备一定的前提。当经济运行满足一定的条件，市场体系有效运转时市场机制才能够以特定的方式激励和引导市场主体，调节市场均衡，实现资源有效配置。

（一）市场机制发挥作用的前提

完善的市场机制对市场中的微观主体、市场运行规则以及供求和价格形成都有较高的要求。

1. 对市场微观要素的要求

一是要保证企业自主经营公平竞争。企业是以营利为目的而从事生产经营活动，向社会提供商品或服务的经济组织，是市场经济活动的主要参与者，是国民经济的细胞。企业是市场体系的神经末梢，对市场信号反应最为灵敏，市场中消费者偏好的变化、生产技术的进步、产品的升级换代都能迅速地传递到企业的决策中枢。如果企业不能自主经营，那么从企业层面看就可能错失发展机会，从整个社会看就可能导致供给不能适应消费水平提升和需求结构变化。公平竞争则是企业优胜劣汰的客观要求。如果没有公平竞争的市场环境，假冒伪劣就可能屡禁不绝，坑蒙拐骗就可能横行市场，进而导致“劣币驱逐良币”，优胜劣汰就无从谈起。如果不能实现优胜劣汰，在企业层面就会出现僵尸企业，在行业层面就会导致产能过剩，其结果是供给质量和效率低下，供求关系失衡，供求机制失效。在企业不能实现优胜劣汰的情况下，供求相互作用难以形成合理的价格，企业生产和家庭消费也就难以作出及时调整，最终导致产业结构和需求结构失衡。

二是要保证消费者自由选择自主消费。消费需求是最终需求，只有真正满足了人民日益增长的美好生活需要，才能够有效破解社会主要矛盾。对消费需求的满足必须建立在消费者自由选择自主消费的基础之上。只有消费者能够根据自身偏好，在收入水平的约束下，自由选择商品和服务进行消费，其效用才能得以最大化。如果消费者的消费行为受到捆绑销售、政策指定、限购限量等企业和政府行为的约束，人民生活必然受到影响，消费者的福利必然遭受损失。

三是要保证商品和要素自由流动平等交换。商品自由流动是打破市场壁垒、破除地方保护的要求。只有商品在更大范围内自由流动，才能够更好地利用全国大市场，帮助企业实现规模经济和范围经济。对消费者而言，商品的自由流动和平等交换才能够推动商品市场的充分竞争，为消费者自由选择自主消费创造条件。要素合理配置是推动劳动生产率、全要素生产率提升的重要动力。只有要素被配置到产生最高边际回报的领域，生产要素对经济发展的贡献才能体现得最为充分，经济发展的效益才能得以实现。而要素自由流动平等交换是要素有效配置的前提。只有通过劳动力市场、土地市场、资本市场的改革，不断破除限制要素自由流动的制度藩篱，才能使生产要素物尽其用，产生最高回报。

2. 对市场运行规则的要求

一是市场准入畅通。市场准入是指政府部门或具备行政管理职能的组织准许公民和法人进入市场从事商品生产经营活动的条件和程序规则。就特定行业设定一定的准入条件，对保证企业具备必要的生产条件、产品和服务具备一定的质量有重要意义。但市场准入必须畅通，不得按照企业的所有制、规模、地域等差异设定不合理的准入条件。不合理的市场准入可能形成区域壁垒，或者使部分企业产生不合理的竞争优势，削弱市场竞争，扭曲资源和要素配置，影响资源配置的有效性。因此，要保障市场机制的有效性，激发市场主体的活力，必须保证市场准入畅通。

二是市场开放有序。一方面市场要对内开放，加快建设全国统一市场，废止妨碍公平竞争、设置行政壁垒、排斥外地产品和服务的各种分割市场的规定，打破行业垄断和地区封锁；另一方面要加大对外开放的力度，实施并不断完善负面清单制度，降低外资进入门槛，鼓励外资企业来华投资，扩大商品和服务贸易。在加大对内对外开放的同时，不断完善市场规则，统一准入标准。只有形成开放有序的市场，才能够不断提升市场的包容性，进一步激发市场主体活力和投资的积极性，使市场在更大范围、更多主体之间，更加有序配置资源。

三是市场竞争充分。从竞争与市场决定性作用的关系看，市场的主要目标是优化资源配置。竞争机制是市场机制的重要组成部分，要提升资源配置的有效性离不开竞争。一方面，公平竞争有利于提高经济运行和资源配置的效率。通过竞争可以避免市场势力造成的价格扭曲，提升资源在不同行业和不同部门之间的配置效率；通过竞争可以给企业带来外部的竞争压力，改善企业内部的 X 非效率，提升企业内部的生产效率；通过竞争可以促进优胜劣汰，使经济保持持久的活力，促进资源配置的动态效率。另一方面，公平竞争有利于调动经营者的积极性和创造性。经营者之间进行价格竞争、质量竞争和引入新产品的竞争，会促使企业降低产品价格，提高产品质量，抢占更大的市场份额；也会促使企业压缩经营成本，提升管理水平，实现更高的利润水平；还会使企业有更强的动力去开发新工艺和新产品，在市场中抢占有利地位。因此，确保市场竞争充分，有利于实现市场的价格发现功能，通过“无形之手”实现资源优化配置。

四是市场秩序规范。规范的市场秩序是市场机制有效发挥作用的根本保障。市场秩序规范要求参与竞争的市场主体具有平等的竞争地位，即经营者不论其所有制结构、经营规模、经营期限、所在地域有何不同都具有平等地参与价格竞争、质量竞争和创新竞争的权利；有均等的竞争机会，即经营者在法律和规则允许的范围内具有平等地进入或退出某一市场，平等地在市场中展开竞争的权利；采取公正的竞争手段，即经营者采取的竞争手段需要为法律法规所允许，为道德伦理所容纳，为社会规范所认可；维持有效的竞争秩序，即经营者不得采取以假充真、以次充好、虚假宣传、过度包装、欺行霸市等扰乱市场秩序的方式参与竞争。形成良好的市场秩序才能够保证市场发现有效的价格信号，保证公平的竞争环境，并结合供求的灵活调整来优化资源配置。

3. 对供求与价格的要求

从供求与价格的关系来看，一方面，完善的市场机制要求价格完全由市场供求决定，并且价格可以随供求变化灵活调整。市场经济条件下，供给（需求）反映的是特定价格水平下生产者（消费者）愿意提供（购买）的商品数量，价格由供求关系决定是市场的本质要求。只有价格由供求决定，生产者才能够适应市场需求的变化提供恰当数量的产品，消费者才能够根据自己的偏好和收入水平选择合理的消费水平。价格“指挥棒”才能够有效联结市场供给和需求，促进市场出清并实现动态调整。价格灵活调整是充分发挥价格机制作用的要求。如果价格不能灵活调整，就无法反映市场供求关系的变化，价格信号就会失真，难以起到市场“指挥棒”的作用，难以促进市场出清。如果价格被固化，就不能合理引导资源配置、提升资源配置效率。价格的灵活调整有赖于合理的市场结构和市场主体的自由选择权。要实现价格灵活调整，必须形成合理的市场结构，避免企业滥用市场支配地位制定垄断价格，同时减少政府对企业市场行为的不当干预。

另一方面，完善的市场机制要求供求能够在价格“指挥棒”的作用下自由调节，这就要求市场主体具有完全的独立性。即企业能够根据价格信号自主调节生产和供应，消费者（或下游企业）能够根据价格信号自由决定需求。如果企业不能自主经营，就难以对价格信号迅速作出反应，可能出现供给过剩或供给不足的情况。当前，一些重要行业出现的产能过剩现象就与企业不能自主经营密切有关，部分企业进行生产经营决策时偏离了利润最大化的取向，在确立发展目标时承载了地方政府拉动 GDP、增加税收、维护社会稳定等方面的要求，这就必然导致企业在进行产量决策时偏离价格和成本等信号指示的最优产量，进而出现产能过剩。同样，如果消费者不能自主消费，那么市场中的需求信号就可能失真，可能造成市场中的竞争机制难以实现优胜劣汰的目的，消费者福利也可能遭受重大损失。

（二）市场机制配置资源的方式

随着市场化改革的不断深化，市场在资源配置中的作用日益增强，市场机制配置资源主要有以下几种方式。

1. 市场调节价格，通过价格信号引导资源配置

市场调节价格是指市场机制对过高或过低的市场价格进行调节，使市场价格保持在合理水平。当市场上由于供求关系的变化导致某商品或服务的价格过高或过低时，价格信号反映出该商品或服务出现了严重的供不应求或供过于求的情况。企业在利润最大化的目标引导下，当价格过高时通过各种渠道增加该商品或服务的市场供给，当价格过低时会收缩生产或退出市场以减少该商品或服务的市场供给。相应地，价格过高时消费者也会减少该商品或服务的消费，增加其替代品的消费，价格过低时消费者会增加该商品或服务的消费。通过价格对生产和消费行为的调节，可以改变该商品或服务的供不应求或供过于求的局面，使其价格趋于平稳，市场秩序基本正常。这种调节充分发挥了价格“指挥棒”的作用，有效地引导了资源配置。

2. 市场调节生产，通过生产调整优化市场供给

市场调节生产是平衡市场供求的需要，它主要是调节商品生产者的生产方向、生产规模和产品结构，从而调节并优化商品的供给。当某商品因市场条件变化变得更加畅销，进而出现供不应求的情况时，该商品市场价格便会上涨，生产并销售该商品的企业盈利就会增加。为了获取更多利润，企业就会追求投资扩大该商品的生产，也可能把生产能力从其他不畅销的商品转向畅销商品，从而在企业内部扩大商品生产规模，调整商品生产结构。同时，市场上生产该类商品的其他企业也可能转向该商品的生产，经过一定的生产周期，整个市场上该商品的生产量会增加，整个市场的供给结构也会发生变化。不仅如此，在此过程中，追求利润的企业还有可能通过改善管理，革新

技术来改进生产。随着市场对生产的调节，市场上商品供求趋于平衡。反之，当市场上某商品供过于求时，市场则通过价格下降、生产收缩、供给结构反向调整等来调节生产，以实现商品供求平衡。

3. 市场调节需求，通过需求调整实现市场均衡

市场调节需求同样是平衡市场供求的需要。市场调节需求主要是调节商品需求者的需求方向、需求规模和需求结构。市场上商品价格的高低会影响需求状况和供求关系。当某商品供不应求时，价格就会上升，在替代效应和收入效应作用下，消费者可能转向其替代品的消费，或直接减少消费，这就会使需求量减少。反之，某商品因供过于求而价格下降时，其需求量也会因替代效应和收入效应而增大。市场对需求的调节，可以使某商品由于生产条件的限制而无法满足市场需求时，通过市场价格影响市场需求，使市场出清。反之，当技术进步或新资源的发现导致某商品供过于求时，则通过降低价格刺激消费需求，达到新的供求平衡。

三、影响市场机制有效性的制约因素

市场机制作用的发挥有赖于充满活力的微观主体和良好的市场制度基础。改革开放以来，我国社会主义市场经济体制不断完善，国企改革推进、个体私营经济发展和合理利用外资为培育合格市场主体创造了有利条件，要素市场化改革提升了生产和流通的市场化程度，产权保护不断加强，市场监管现代化持续推进。通过相关改革，市场机制发挥作用的市场环境不断完善。但与高质量发展的要求相比，市场机制发挥作用的基础并不坚实，当前仍存在一些影响市场机制发挥作用的制约因素。

（一）产权保护有待进一步加强

当前，产权保护不力在一定程度上制约了企业经营和消费者消费的自主性，也影响了商品和要素的自由流动，还会阻碍市场公平竞争，进而成为制约市场机制发挥作用的重要瓶颈。

一是产权法律体系尚不完善，侵害产权行为时有发生。在部分地区，利用公权力侵害私有产权、违法查封扣押冻结民营企业财产等现象时有发生，利用刑事手段插手经济纠纷的现象在一定程度上仍然存在。一部分企业家对自己的财产缺乏安全感，对企业发展前景缺乏稳定预期，投资兴业意愿低落。

二是部分产权纠纷案件久拖不决，难以及时依法处置。这些案件的形成有历史原因，但也反映出司法程序复杂，司法效率不高，影响了企业的正常生产经营，在部分企业家群体中引发了悲观预期。

三是针对不同产权形式存在各种歧视性做法。在一些地区和一些特定行业，由于产权属性不同，不同所有制的企业有时被分为三六九等，民营企业受到歧视的情况仍然存在。

（二）要素配置市场化程度有待进一步提升

尽管我国要素市场化改革取得了重大进展，但一些领域的要素配置市场化程度仍然不高，导致价格信号不能反映市场供求，竞争机制也难以有效配置资源。

一是大部分要素市场还存在二元结构双轨运行现象。目前，我国在土地、资本、劳动力、技术等要素市场都建立起了公开、透明的交易体系，在这些市场，要素价格可以按照供求关系动态调整，促进资源有效配置。但与此同时，还存在大量地下、灰色、政策难以企及的市场，在这些市场中，要素配置偏离了市场规则，难以实现有效配置。例如，土地市场中既存在城市土地“招拍挂”的市场化配置机制，也存在城乡土地市场的二元分割。资本市场中，在债券发行、交易等方面竞争较为充分，市场信号较为明确，而在一部分地区的信贷市场中，行政力量干预较多、透明度较差。

二是要素价格严重扭曲。在一些领域，要素价格形成机制不健全，政府定价的透明度不高，监管规则不完善；市场定价的秩序不规范，政府不当干预过多，价格不能灵活调整。例如，在债券市场，由于评级机制不健全，导致债券发行利率不能完全反映企业经营风险。在土地市场，土地指标安排不尽合理，导致部分城市土地价格畸高，进而造成住房价格泡沫化现象严重。

三是市场壁垒普遍存在。在劳动力、资本、技术等诸多领域，都存在人为设置的市场壁垒。比如，城乡或不同城市之间的户籍壁垒和公共服务供给不均等，妨碍劳动力的自由流动。资本市场上，交易所和银行间债券市场的参与主体、交易品种和托管清算均未实现统一。

（三）市场监管有待进一步完善

市场监管是弥补市场失灵，保障市场有效运行的有力手段。我国的市场监管体系正在逐步完善，但仍存在多方面的问题，成为实现高质量发展的重要制约因素。

一是多头监管加重企业负担。监管领域“九龙治水”的现象普遍存在，市场准入、投资审批、价格核定、质量监督检查等由不同部门负责，往往存在职能分割与重叠。即便是同一监管领域，也可能涉及多个监管部门。例如，在环境监管方面，环保等多个部门分别承担污染物治理、环境监察、节能减排等多项关联性较强的职能。多头监管下，为应对同一监管事项，企业可能需要付出多重成本，加重了企业负担。

二是竞相监管和监管空白同时存在。在分段式监管制度设计下，各监管部门既存在监管竞争又存在相互推诿，导致出现竞相监管和监管空白并存的现象。竞相监管往往使企业不得不应对多个部门的监管，不同部门在各自出台的规定或政策中存在分歧，企业可能无所适从。还有可能各个部门对同一项监管工作重复检查，加重企业负担。各个部门还存在信息沟通不畅的情况，一家企业需要向各个监管部门分别提交材料，承担多重成本。

三是运动式监管影响企业正常生产经营。如果某一行业成为重点监管对象，质检、安监、消防、环保等纷纷上门监管，直接影响企业正常生产经营活动。

（四）竞争秩序有待进一步规范

竞争是市场机制的灵魂，竞争政策是经济政策的基石。尽管中央对竞争政策的重视程度越来越高，但由于我国社会主义市场经济是从计划经济转轨而来，竞争机制发挥作用的市场环境还有待改善。

一是经济政策排除和限制竞争的现象仍存在。在我国的经济政策体系中，除了竞争政策之外，还包括产业、财税、金融、土地、环境等多个领域政策，相关政策对于经济持续稳定发展发挥了积极作用，但也存在排除和限制竞争的做法。少数部门和地方仍习惯以政府“有形之手”干预经济运行，出台了一些基于所有制结构、经营规模、经营期限、所在地域的歧视性政策。一些部门和地方通过各种方式设置歧视性市场准入壁垒，通过地域歧视、所有制歧视、规模歧视、组织类型歧视等方式实施歧视性优惠和限制政策，还有的通过禁止交易、捆绑交易、指定交易等方式直接排除和限制竞争。这些做法破坏了竞争机制发挥作用的政策环境，导致了严重的资源错配、扭曲了市场价格、损害了社会福利，对经济发展造成了巨大伤害。

二是企业垄断行为的表现形式更加多样，对社会福利的损害十分严重。随着我国市场化程度不断加深，市场的产业组织结构不断演化，部分行业的市场集中度快速提升。一些具备市场支配地位的企业滥用其垄断势力，通过产品销售中的垄断高价、要素买入中的垄断低价、限定转售价格、限定销售区域、捆绑销售、滥用知识产权等多种方式实施垄断行为。部分企业为攫取并瓜分垄断利润达成垄断协议，甚至有行业协会组织企业进行协商后达成价格垄断协议。相关行为损害了竞争机制发挥作用的市场基础，严重损害消费者福利，还有可能侵蚀市场中其他企业利润。尤其值得关注的是，随着网络产业快速发展，一些平台型企业迅速崛起。由于网络行业具有典型的规模经济和网络外部性特点，相关行业往往市场集中度高，企业竞争策略更加多样化。在一些具有双边市场特性的行业，出现了免费服务、在特定发展阶段对消费者进行补贴、“二选一”等竞争策略。相关行为对竞争的破坏更具隐蔽性，可能扰乱正常的市场竞争秩序，产生排除和限制竞争、阻碍创新的影响，进而对消费者福利造成严重损害。

三是竞争领域的法律法规仍有待进一步完善。尽管我国在竞争政策和反垄断领域的立法工作取得了重大进展，但是随着竞争政策实践的深入，新形势对完善法律法规提出了更高要求。一方面，反垄断法实施十年来，我国在竞争政策主管部门机构设置、公平竞争审查等新政策工具、反垄断执法程序和处罚规定等方面都有了新的发展，客观上要求对反垄断法进行修订完善。另一方面，随着新经济快速发展，以及新技术、新产业、新业态和新模式的不断涌现，尤其是以网络经济和平台模式为代表的新经济的崛起，为竞争政策实施和反垄断执法带来了新的挑战。要适应新的发展形势和确立竞争政策基础性地位的要求，必须加快解决竞争政策主管部门职责法定、公平竞争审查法律地位提升、反行政性垄断规则细化、制止网络型企业垄断行为规则完善等问题，从多个方面对竞争领域法律法规进行完善。

四是公平竞争理念仍未深入人心。尽管随着经济体制改革不断深化，全国统一市场基本形成，公平竞争环境已逐步建立。但一些行政主体和决策部门的公平竞争意识还比较淡薄，仍然习惯用排除和限制竞争的政策措施来实现行业或区域发展目标，地方保护、区域封锁和不合理的市场准入问题仍然存在，违法给予优惠政策或减损市场主体利益现象仍较为普遍。部分企业也习惯寻求不合理的支持政策来谋求企业发展的竞争优势。消费者也缺乏有效的渠道来防范企业垄断行为给自身福利造成的损害。竞争文化缺失严重妨碍了全国统一市场建设和公平竞争市场环境的培育。

（五）营商环境有待进一步优化

尽管我国营商环境持续改善，但与发达国家相比仍存在一定差距。营商环境的短板制约了企业的活力和创造力，也影响了市场机制配置资源的效率。

一是行政审批方面的环节和流程需要进一步精简。尽管行政审批改革已经取得显著成效，但在一些地方由于政策落实不到位、政策设计不合理、政策衔接不顺畅，导致企业仍需花费大量人力、物力应付行政审批。有些审批事项涉及多个部门、多个环节，由于权限下放不配套、不同步，造成企业上下奔波，很不方便。例如，有些投资类项目只需在县级发展改革部门核准或备案，但环评等手续还需要到市级甚至省级有关部门办理。有些审批事项在下放时，对基层工作人员承接意愿和工作能力考虑不足，导致下放的审批事项要么大量积压，要么又“反委托”给上级部门代为审批，时间拖得更长。有些市县政务大厅授权不充分、运行不规范，一些已进驻的单位仍然存在“人进事不进、事进权不进”的问题，行政服务的可及性和便利性难以有效提升。

二是部分地区政府存在不诚信、不守法问题。近年来，我国法治政府建设取得了长足进展，但现实中一些政府法治意识不浓的现象仍然存在。少数地方政府或是缺乏诚信、违约毁约，或是因政府规划调整、政策变化导致当事人签订的民商事合同不能履行。有的企业上缴国有土地使用权出让金、投资款、租金后，土地使用权被无故收回。有的地方政府招商引资时过度承诺，优惠政策无法落实，一些地方出现政府换届后新官不理旧账的现象。

三是部分企业税费负担还较重。在财政收入放缓的大背景下，一些地方为了完成税收任务，存在收过头税的现象。有的地方要求企业把未来一年乃至若干年的税收提前缴纳。有的地方在执行法定的税费减免政策打折扣，随意提高税率，或巧立名目增设新的收费项目，或在已经实施的收费项目中过度监管和过度执法。有的地方财政部门先以财政补贴的形式将财政资金汇入纳税人的账户，再与纳税人协商提前缴纳税款。

四是企业还存在办税流程复杂等方面的问题。有的地方政府拒不实施承诺的税收返还政策，或者对税收返还施加各种附加条件。有的地方办理出口退税流程复杂、时间长，大量出口退税被扣押不仅影响企业利润，也给资金周转造成紧张。按照流程，在办理出口退税中，企业需要提供报关单、出口销售发票、结汇水单或收汇通知书、产品征税证明、出口收汇已核销证明等多种资料，且需要通过海关、税务等多个环节的审核。“收费养人”的问题在一些基层部门仍然存在，各类涉企检查收费和罚款依然禁而难止，企业反映强烈。

四、完善市场运行机制的对策建议

（一）完善市场机制的方向

按照统一开放、竞争有序的要求推进现代市场体系建设。通过完善的市场体系提升市场机制的有效性，释放微观主体活力，为宏观调控更好发挥作用创造有利条件，进一步提升资源配置效率，优化市场机制发挥作用的制度环境。

统一就是要完善全国大市场，打破条块分割、地区封锁，使主要商品和生产要素可以在不同行业、部门、地区之间自由流动和合理配置。提升商品和服务市场、要素市场在构成上和空间上的统一性，打破人为的行政分割和各种显性隐性壁垒造成的市场分割。开放就是要适应社会分工和生产专业化的要求，放宽市场准入，使商品和要素可以跨区域、跨国界自由流动，市场主体能够根据其要素禀赋和竞争优势进入竞争性环节。推动主要竞争性环节对各类市场主体开放，同时在维护经济和产业安全的前提下，加快双向开放，利用好国内国际两种资源两个市场，使各类市场主体积极参与国际分工和国际竞争。竞争就是要通过公平竞争、优胜劣汰形成合理的价格信号，优化资源配置，打破结构性和区域性失衡，化解产能过剩和供给短缺，促进市场出清，不断提高劳动生产率。推动形成合理的市场结构，鼓励和保护各种经济主体的平等竞争，以竞争激发创新活力，以竞争促进要素合理流动和资源优化配置，最终达到提高效率的目的。有序就是要形成公开透明的交易场所，建立布局合理功能完善的交易平台，形成公正、合理、有序的市场交易规则。使市场形成健全的网络、合理的结构，在国家法令和政策规范的要求下有序、规范运行。

统一开放、竞争有序的精神要贯穿于市场的各个领域和各个环节，包括一般商品市场、生产要素市场，现货市场、期货市场，批发市场、零售市场，城市市场、农村市场等。

（二）完善市场机制的重点举措

1. 以产权有效激励为目标进一步加大产权保护力度

通过加强产权保护，建立起产权有效激励的制度，激发企业家创新创业的热情和企业员工诚实劳动合法经营的积极性，使社会各阶层充分享受生产发展带来的收益。一是恪守物权法定原则，把产权保护纳入法治化框架。全面落实物权法，完善不动产物权登记制度，明确一切产权的变动、限制和剥夺，都需要通过法定程序和法定方式来完成。国家为了公共利益征收征用公民合法财产，除应严格限定范围外，还应合理支付补偿。二是尊重契约自由原则，保障产权交易公平合理。以契约自由维护产权交易的公平公正，保障公民以产权实现财富增值的权利，不断提升全社会的信用水平。防止政府跨越行政权力的界限侵害公民产权，防范政府失信违约行为。三是加大知识产权保护力度。加大对侵犯知识产权、假冒、盗版行为的处罚力度，提高侵权行为的法定赔偿上限，建立知识产权方面的惩罚性赔偿制度。通过加强对知识产权的保护，落实创新发展理念，激励企业加大研发力度，鼓励新模式、新业态、新产品加快发展，不断加大科技进步对经济增长的贡献率。四是整治典型产权保护不力行为。针对部分地方产权保护不力问题，重点整治政府侵占企业财产行为，政府违法查封扣押冻结企业财产、拒不执行法院判决的行为，重大财产案件久拖不决或不依法判决的行为。

2. 以要素自由流动为目标加快推动要素市场改革

通过破除限制要素自由流动的制度藩篱，推动要素市场化配置，实现要素自由流动，把要素配置到产生最高边际回报的领域，不断提升劳动生产率、全要素生产率。一是破除政府对要素市场施加的各种不合理限制。通过加强政策的合法性审查，打破区域封锁，消除地域歧视，限制各种阻碍要素跨区域流动的政策出台，推动要素在更多市场主体之间、更大范围内合理配置。合理划定政府与市场边界，限制不合理的政府行为，尤其是滥用行政权力排除和限制竞争的行为。二是放宽市场准入，进一步推动竞争性领域和环节价格放开。改变过多依靠行政力量的资源配置方式，减少由此造成的要素配置扭曲。加快能源、金融等重点行业和重点领域市场化进程，加快推动电力、石油、天然气市场化改革，进一步推进利率和汇率市场化进程。三是优化市场的产业组织结构。通过培育更多自主决策、合法竞争的市场主体，不断优化市场结构，规范市场秩序，进而形成充分反映要素稀缺性价格体系，提升要素配置效率。四是完善资源环境方面的要素配置机制。通过加强资源环境领域的监管，形成矿产资源有偿使用、环境成本合理分担的政策框架，推动资源环境要素的外部性内部化。

3. 以建立科学的监管体制为目标推动监管现代化

通过完善监管规则，提高市场监管的有效性，完善价格、质量、安全、卫生、环境等重点领域的监管体制，形成有利于创新创业、诚信守法、公平竞争的市场环境。一是建立强有力的市场监管机构。围绕政府的市场监管职能，建立专业、权威、独立的监管机构，提升监管独立性，确保监管决策不受其他政府部门和不同利益群体干涉和影响。不断提升监管机构职能的完备性，尽可能把具有关联关系的监管职能归于同一监管部门之下，避免政出多门。二是进一步完善监管规则。着力构建全国统一的市场监管规则，提高监管程序的透明度，优化细化执法工作流程，形成可预见、透明、可问责的监管规则，使监管对象和公众对监管政策形成合理预期。三是构建以法治为基础、企业自律和社会共治为支撑的市场监管格局。提高公众对监管政策的参与度，形成政府、社会组织、专家和公众多元共治的监管体系。四是加强重点领域监管。围绕提高产品和服务质量的目标，加强质量技术监管，加强产品质量立法，建立质量分级制度，加强质量诚信体系、缺陷产品召回、产品认证等方面的制度建设，形成“质量第一”的社会共识。

4. 以推动竞争公平有序为目标加快确立竞争政策基础性地位

以落实竞争政策和加强反垄断执法为抓手，逐步形成“竞争为先、公平为本”的经济政策环境，建立统一开放、竞争有序的市场体系。一是进一步完善经济政策体系。把竞争政策作为各项经济政策的基石，把公平竞争作为政策制定的基本理念。推动选择性产业政策向功能性产业政策转型。加强竞争政策与产业政策、投资政策、规制政策的协调，建立竞争政策与其他政策之间的事前协商制度。二是进一步完善竞争政策执法机构，建立独立、专业、权威的竞争政策实施部门，加快整合基层执法力量。三是加快反垄断方面的补充立法，针对垄断行为多发的行业，针对知识产权等特定问题，针对网络经济、平台经济、共享经济等新经济形态，结合反垄断工作推进的实际，制订完善相关领域的反垄断指南。四是进一步推动反垄断执法常态化，以执法推动普法。要营造竞争公平有序的市场环境，给企业提供改善经营管理的外在压力，破解因竞争不足导致的内部管理效率低下问题。五是加强竞争倡导。进一步加强公平竞争的宣传教育，强化政府、企业和公众的公平竞争意识，倡导公平竞争观念，培育公平竞争文化。清理废除妨碍统一市场和公平竞争的各种规定和做法，全面落实增量政策公平竞争审查，加快存量政策审查。

5. 以激发市场主体活力为目标不断改善营商环境

贯彻营商环境就是生产力的理念，多措并举优化营商环境，不断激发市场主体活力和投资兴业的热情。一是进一步深化“放管服”改革。以节省企业办理审批手续的时间成本和货币成本为目标，进一步精简和规范行政审批，扩大电子政务的覆盖范围，优化政务窗口服务规程，提升政务窗口服务效率。二是进一步提高行政权力运行透明度，推动公共企事业单位办事公开，畅通企业投放渠道，规范投诉受理和处置流程。加快推进负面清单制度改革，完善负面清单的实施机制。三是进一步降低实体企业成本。针对违规增加企业负担的问题，重点整治违反收费清单及收费标准额外设立收费项目及高收费行为，强制或变相强制企业缴纳会费、活动经费行为，向企业摊派、索要赞助等行为。四是针对营商环境中企业反映最强烈、舆论关注度最高的突出问题开展专项治理。针对企业办理业务时间成本高的问题，重点整治审批服务人员业务不熟，服务质量差，有章不循，“不作为、慢作为”、懒政怠政，推诿扯皮行为。针对部分地方政府诚信缺失问题，重点整治“开门招商、关门宰商”等行为，不兑现政府招商引资的政策承诺行为，政府拖欠企业承建政府工程项目工程款行为。

执笔：刘志成

第六章
我国现代市场体系的制度基础

内容提要： 建设现代化经济体系，必须要有与之相称的现代市场体系。加快现代市场体系建设，要处理好发展与改革、政府与市场、监管与调控、国内与国际等若干重大关系。当前，市场体系建设仍面临隐性壁垒、要素市场化滞后、区域封锁、秩序混乱等问题，与法治、产权、财政、信用、监管等基础制度密切相关。法治和信用是现代市场体系的两大基石，强化法治有助于促进他律，增进信用有助于引导自律，自律和他律是确保市场体系竞争有序的重要基础。同时，要多措并举持续深化“放管服”改革，加快推进统一的负面清单管理体制建设，进一步完善市场监管体系，深化财税金融体制改革，加快完善产权制度，全面促进要素市场化配置和自由流动，以高质量监管和服务保障市场体系现代化。

建设统一开放、竞争有序的市场体系，使市场在资源配置中起决定性作用，更好发挥政府作用，是坚持和完善社会主义市场经济体制，推动经济高质量发展的重要支撑。要厘清发展与改革、政府与市场、监管与调控、国内与国际等重大关系，针对我国现代市场体系制度完善方面存在的问题，在法治体系、商事制度、产权制度、财税制度、社会治理等层面，提出相关思路、重点任务与对策建议，以促进企业自主经营公平竞争、消费者自由选择自主消费、商品和要素自由流动平等交换。

一、健全我国现代市场体系制度基础的内涵与必要性

党的十九大报告以问题为导向，针对性地提出建设现代化经济体系的重点任务之一是，着力构建市场机制有效、微观主体有活力、宏观调控有度的社会主义市场经济体制。党的十九届四中全会审议通过的有关决定进一步指出，要加快完善社会主义市场经济体制，建设高标准市场体系，完善公平竞争制度，全面实施市场准入负面清单制度。

建设现代化经济体系，必须有与之相称的现代市场体系。市场体系不仅指商品市场和要素市场、传统市场和新型市场、有形市场和无形市场等各类市场，还包括市场运行中受各种规则约束、组织体系制衡的更加立体的制度化空间。从制度角度来看，完善现代市场体系涉及个人、企业、社会、政府、法律机构等多元主体之间的权利与责任关系，市场体系不健全的根源涉及信息不对称、垄断等市场失灵，也涉及滥用公共权力排除或限制竞争等，还涉及公众参与度不高、社会信用缺失、行业失律等社会治理问题。总之，市场体系不健全即各类市场之间的关系不协调、不匹配，反映的正是市场体制机制、治理体系等方面更为深层次的制度基础问题。

当前，基础性制度建设中一些深层次结构性矛盾使企业参与经济活动的制度性交易成本有所上升，存在融资贵、用地难、隐性费用多等问题。各类制度性交易成本对产业结构转型和创新驱动形成了一定制约，一定程度上弱化了产业的有效供给能力和企业的微观活力。所以，当前加强现代市场体系

建设，不仅应关注单个市场培育和发展的问题，更应当关注改革体制机制以疏导深层次矛盾等改革命题。

我们认为，加强与现代经济体系相适应、相匹配的现代市场体系建设，是适应社会分工深度化要求、内涵不断发展丰富的过程，它要求各类市场更健全、结构更合理、规则更完善、治理更规范，能够充分发挥市场有效性（配置资源效率和公平性）的一整套制度运行体系。从制度的广义视角来看，现代市场体系指的是一种多元共治、包容参与、公开透明、兼顾效率与公平目标的现代治理体系。强化市场法治、社会信用和市场监管等基础制度建设是加快现代市场体系建设的应有之义和重要支撑。

市场体系与现代市场体系的内涵如表 6–1 所示。

表 6–1　市场体系与现代市场体系的内涵

维度	市场体系	现代市场体系
狭义	由相互联系的各类市场组成的有机体	市场类型的拓展，满足社会化分工要求
广义	包括规则、组织、结构、平台、机制等各类市场共性的体制要件	规则、组织、结构、平台、机制的现代化，更富有效率
更加广义	涉及个人、企业、社会、政府、法律机构等多元主体间的权利责任关系	多元共治、包容参与、透明、可问责的现代治理体系，兼顾效率和公平目标

二、当前市场体系建设面临的突出问题及其制度根源

构建市场机制有效、微观主体有活力、宏观调控有度的社会主义市场经济体制，其关键在于夯实现代市场体系的制度基础。若制度基础不牢靠，就会导致现代市场体系在建设过程中面临一系列问题和挑战。

（一）市场隐性壁垒仍然存在，破除垄断的系统设计和长效机制尚待健全

我国已经出台全国统一的市场准入负面清单管理制度，但是在实践中仍遇到一定的阻力，特别是在石油、电力、铁路、金融等领域，自然垄断、经济性垄断与行政性垄断交织在一起，民营资本进入相关市场仍面临一些限制，不同程度上仍存在“玻璃门”“弹簧门”等或明或暗的体制壁垒，民间投资者容易陷入各种困境。尤其是在经济运行压力和内外部市场风险较大的情况下，民营经济主体面临的现实挑战就更加复杂。此外，部分已经开放竞争的领域“必须招标”和招标过程中存在的不规范行为也屡受指摘，被认为是限制民营主体进入的隐性壁垒。

从“明”的显性壁垒来看，从解决“审批多”问题转向破解“审批难”问题，需要更多攻坚克难的决心。从“暗”的隐性壁垒来看问题更加复杂，破除各类垄断的安排协调性尚待提升。进一步深化垄断行业的改革相继进入“深水区”，面临的都是难啃的“硬骨头”。在加强自然垄断环节经济性规制，同时促进规制政策与竞争政策密切衔接过程中，碰到了更多新挑战。

（二）要素市场化改革滞后，产权不清与体制封闭是深层次困扰

党的十九大报告将要素市场化配置当作完善市场经济体制的重点任务，对应的完善目标是实现要素自由流动，价格反应灵活，竞争公平有序。但是，当前我国要素市场化改革滞后于商品市场化改革的步伐，要素市场在生产、

交易和定价环节仍存在不同程度的条块分割，相关市场仍存在扭曲。要素市场发育滞后，市场化程度不高直接导致个别领域存在成本高企、库存高企、低端产能高企这类“三高症”问题。

要素市场化改革滞后，从根本上说是源自产权制度不健全和传统体制的封闭。我国土地、林地、矿藏、海域、滩涂等自然资源统计数据基础不够牢靠、多部门职责交叉等体制问题，导致资源调查统计难、确权登记难、规范交易难，有偿使用、价格形成和收益评估不够规范，市场平台发育不健全，影响资源要素在全国范围统一流动。生产要素除了土地、矿藏等自然资源类要素之外，还有资本、劳动力、技术等，这类要素仍然难以自由流动、难以为市场主体创新创业所用，根本上是受传统体制的影响。近年来，我国金融体制、人力资源和社会保障体制、科技创新体制等都在持续深化改革，但是不同地区住房医疗教育养老等公共服务和社会保障存在一定差距，知识产权保护较为薄弱、部分科技人才和高精尖设备被束缚在原有科研事业体制内，都不同程度上制约了资本、人力资源和技术要素的市场化流动。

（三）地方保护行为源自现有财税体制与考核体制的一些弊端

在落实国家产业政策的过程中，部分地方政府倾向于给能够成为当地稳定税源的本地企业和项目更多补贴。在地方公共资源配置和公共项目招投标过程中，个别存在与当地企业合谋串标、设置排他性门槛等不当操作行为。此外，存在要求外来企业在本地设立子公司缴税给当地，或以行政手段阻挠外来企业并购本地企业，以重复检查或双重标准妨碍跨区连锁经营等行为。还零星存在要求某企业加入某集团，或指定经济效益好的集团接管效益不佳的企业的情况。

地方保护的体制根源比较复杂，随着放权让利的行政体制改革和“分灶吃饭”的财政体制改革，地方政府不仅拥有了较大的资源配置权，而且有相对独立的经济利益。我国宪法也赋予地方人大根据本地区实际情况制定地方性法规的权力。在争取重大项目、重大工程，吸引人才、资本、技术等方面，地方政府之间存在类市场主体一般的竞争关系，竞争一旦失序，引发过度竞争，就会导致地方保护主义的出现。在财政包干和各种地方税设置后，财政状况的好坏直接关系地方经济利益，良好而可持续的财力水平是地方政府积极谋划发展的重要支撑，从而也成为各类地方保护行为发生的动因。

（四）局部存在市场供求失衡和秩序混乱，折射出市场监管和社会信用体系不健全的问题

我国已稳居中等收入国家行列，正向着高收入国家稳步迈进，已经从生存型向发展型社会转变，普通民众的维权意识显著增强，食品药品安全、环保和安全生产是民生诉求较为强烈、媒体关注度极高的领域。近年来，商品质量尤其是食品药品安全问题比较突出，居民对国产商品质量安全的信任度有所下降。这些问题，从根本上讲，是国内产业升级、市场发展没能跟上居民消费升级和多元化发展的步伐，同时也说明市场体系不健全、监管体系局部存在碎片化问题。

近年来，在公用事业特许经营项目中，由于地方政府承诺的政策落实不到位或政策变化太快而导致中标企业经营不善，服务质量下滑，甚至中途退出的情况偶有发生。例如，企业通过投标方式获得污水、垃圾处理工程的特许经营权，但因为前期承诺的配套管网建设不到位，收费政策调整不及时等

原因，造成处理能力长期闲置，企业长期亏损。

三、加快建设现代市场体系需要处理好的重要关系

加快现代市场体系建设的基本原则是，处理好发展与改革、政府与市场、监管与调控、国际与国内等若干重要关系。

（一）市场发展和市场化改革的关系

市场体系现代化是靠发展取得的，而体制改革则是现代化发展的重要保障。加快完善现代市场体系，首先要靠市场本身的发展。市场发展是指在商品经济逐步发展和完善的过程中，通过市场内在机能提升而使得市场从低级向高级阶段、从不发达向发达状态演变的过程。同时，改革是推动市场体系快速发展的强大保障。解决市场体系不健全不完善的深层次问题，关键还要靠改革。制度是决定各种要素投入能够形成何种供给规模和结构的关键因素。通过体制机制改革形成新的有效制度供给，是完善现代市场体系的重要方面。要通过不断深化改革，积极引导要素向需求层次更高的市场领域配置，推动更高水平的市场供求平衡。

（二）政府与市场的关系

完善现代市场体系，要使政府和市场各归其位，明确认识政府和市场各自功能的优劣势，令其在不同领域不同层次发挥各自应有的作用，务求两者有机结合、良性互动。

一方面，建设现代市场体系不能走政府干预微观市场发展的老路。我国从计划经济过渡到市场经济，受到传统思维的束缚，容易放大市场失灵的后果，从而强化政府干预。不当使用行政干预权力，可能造成社会福利的损失。长期以来，地方政府在经济建设中扮演“半市场主体”的角色，通过规划和政策引导企业投资项目贯彻政府意图，客观上导致各地产业和市场结构趋同，部分市场平台重复建设。在竞争性领域，国有企业仍占据较多要素的市场配置空间，个别滥用市场支配地位形成的“垄断高价”容易导致市场扭曲，从而可能造成社会福利损失。为此，要通过深化国企改革释放更多要素资源和市场空间，为市场主体创新创业所用，切实减少和消除要素市场体系中的扭曲与错配。更多通过市场价格机制引导要素资源向更富有效率的行业集中，构建有利于要素自由流动的市场竞争环境。

另一方面，建设现代市场体系，同样要警惕极端市场化倾向。当前有一些言论片面强调市场万能，忽视市场失灵的客观存在，反对一切形式的政府干预，主张完全由市场调节。事实上，完全市场调节具有自发性和盲目性，存在大量信息不对称、垄断、负外部性等市场失灵。极端市场化会削弱甚至否定政府在市场治理中的积极作用，从而无法有效防控系统性风险，难以防止和化解周期性大幅波动的负面影响，矛盾和风险积累到一定程度可能会引发危机。当前，我国尤其要反对极端市场化倾向，要充分认识到市场失灵的存在及危害，依法完善宏观调控体系和市场监管体系。

（三）市场监管和宏观调控的关系

党的十六大报告将市场监管与经济调节、社会管理和公共服务并列为四项政府职能，党的十八大报告将市场监管与宏观调控、社会治理、公共服务和环境保护并称为五项政府职能。市场监管与宏观调控两者有四点不同：目标不同，监管是对某种产品供求关系和买卖双方利益关系的平衡，属局部均衡问题，而调控追求的是经济整体稳定性；对象不同，监管对象是微观行业或企业，调控对象则涉及所有经济主体；手段不同，监管主要采取市场规则的设计与执行等手段，调控主要是采取财政货币等宏观政策手段；指标不同，监管指标与企业财务或绩效状况相关，如成本、利润、净资产、有效资产等，或与民众个体健康安全状况有关，如“生命年”等专业性指标，而宏观调控指标则是通胀率、增长率等总量指标（见表 6–2）。因此，在国家治理体系中，不宜把市场监管误解为宏观调控的内容或手段，不宜让市场监管机构担负宏观调控的职责。

表 6–2　宏观调控、市场监管和微观管理的差异

<table>
<tr><th>名称</th><th>目标</th><th>指标体系</th><th>对象</th><th>手段</th></tr>
<tr><td>宏观调控</td><td>经济整体稳定性</td><td>通胀率、经济增长率等总量指标</td><td>所有经济主体</td><td>货币政策、财政政策</td></tr>
<tr><td>市场监管</td><td>平衡买卖双方利益；促进安全、健康和环境保护</td><td rowspan="2">成本、利润、资产等微观经济指标，或“生命年”等专业性指标</td><td rowspan="2">微观行业或企业</td><td>规则设计与执行</td></tr>
<tr><td>微观管理</td><td>政府作为出资人提供公共物品或服务</td><td>以命令形式参与管理</td></tr>
</table>

资料来源：部分来自刘树杰 . 论现代监管理念与我国监管现代化［J］. 经济纵横 .2011（6）：1–7. 部分由作者归纳整理。

目前，仍存在两种对市场监管的认识误区。其一，是将市场监管的范围作狭义理解，将其视为工商行政管理、物价监督检查等具体执法职责，将依据规则进行准入监管、价格监管的“规制”职能排除在市场监管范围之外，这种认识有碍市场监管体系的前段与后段职能的紧密衔接，无助于从国家治理体系的高度审视市场监管的重要作用。其二，是对市场监管的范围作宽泛理解，将所有政府部门都视作监管部门，将所有政府介入微观经济领域进行干预的行为都当作监管。例如，国有资产监督管理委员会代表国家对国有资产实施的“监管”，严格来讲，就不属于“市场监管”的行为范畴，因为国资委与下属国有企业之间存在明确的委托代理关系，而市场监管主体与监管对象之间不存在包括委托代理关系在内的任何经济利益关联。因此，从学理上讲，不应将“市场监管”简单地等同于政府“监督和管理”。

（四）国际市场与国内市场的关系

我国的发展成就是靠改革开放取得的，完善现代市场体系自然也要依靠全面对外开放。我国是开放型经济体，全球化和国际贸易自由化已将我国完全融入世界经济体系中。未来，我国改造传统产业、发展新兴产业、推进产业迈向中高端所需要的先进资本、技术、人才以及管理等都离不开世界市场，而且，未来由新动力形成的新供给更需要同国际市场的新需求进行有效对接。另外，作为世界贸易大国参与全球治理和经贸规则制定，既需要对国内一些不适应国际市场新变化的体制机制进行改革，也需要以新的理念、新的机制、新的方式参与国际事务，以此提高我国在国际资源配置、投资与贸易规则制定中的话语权和影响力。显然，要实现上述开放目标，就必须打开国门完善现代市场体系。积极对接国内与国际两个市场，有效配置国内与国际两种资源是推进现代市场体系建设的必由之路。

必须统筹好国内国际两个大局。构建新发展格局是开放的国内国际双循环，不是封闭的国内单循环。统筹好国内国际两个大局，处理好国内大循环与国内国际双循环的关系，是促进经济持续健康发展的必然要求。构建新发展格局，要加强国内大循环在双循环中的主导作用。强化国内“基本盘”支撑，全面稳固国内经济体系循环畅通，加快建设全国统一大市场，深入推进高标准市场体系建设行动，以此为内核强力吸引全球高端要素资源向我国汇聚，从而显著改善我国生产要素质量和配置水平，塑造我国参与国际合作和竞争新优势，持续增强在全球产业链、供应链、创新链上的影响力与话语权。构建新发展格局，也要更加重视以国际循环提升国内大循环效率和水平。以高水平对外开放促进国内市场持续强大，关键是要稳步拓展规则、规制、管理、标准等制度型开放，同时巩固推进商品、服务、资金、人才等要素流动型开放，增强出口产品和服务竞争力。

四、夯实现代市场体系制度基础的思路与主要任务

建设现代经济体系以提高供给质量为主攻方向，亟待加强现代市场体系建设的有效制度供给，从而为经济持续稳定增长提供不竭的内生动力。一方面，要加快重点领域市场建设，尤其是完善竞争性要素市场体系，加快要素价格市场化改革，理顺上下游价格形成与传导机制，减少不合理的交易摩擦，从而扩大要素供给规模，优化供给结构，着力提高供给质量。另一方面，要大刀阔斧地改革市场体制机制，削弱信息不对称、负外部性等市场失灵和各类行业垄断、行政垄断引致的负面影响，规范市场竞争秩序，提高市场运行效率，为经济稳定可持续增长夯实基础。法治和信用是现代市场体系的两大关键基石，强化法治有助引导他律，增进信用有助促进自律，自律和他律是确保市场体系竞争有序的重要基础。多措并举持续深化“放管服”改革，加快推进统一的市场准入负面清单管理制度体系建设，进一步激发市场主体活力。建立健全市场监管体系，以高质量监管保障市场体系现代化。深化财税金融体制改革，加快推动产权制度改革，促进要素资源市场化配置和自由流动。

（一）强化市场法治体系建设，夯实现代市场体系建设的法律基础

法治是现代市场体系的重要基石。加强与社会主义市场经济相配套的法治体系建设，要做到加减并举。一方面，把“减法”做足，继续清理废除制约市场体系现代化进程的陈旧法规和文件；另一方面，着力做好“加法”，加快立法进程，消除建设现代市场体系的法治盲区，同时加快现有法律法规的修订进度。

清理废除妨碍统一市场和公平竞争的各种规定和做法，是提升市场体系统一性、开放性，全面加强统一市场监管的重要基础。协调分领域设置的监管机构联合开展工作，制定部门间监管决策信息共享准则和联合执法行动方案。有必要以反对地方保护、区域分割为重点在全国范围内继续开展监管稽查活动，重点清理各种与市场公平竞争、公共安全目标相违背的各类“土政策”及干扰统一执法的“保护伞”行为，着力强化基层执法的一致性与有效性。针对性清理各地阻碍商品和要素自由流动、企业自由迁移的政策。废除围绕籍贯、规模、资产、资质设置的阻碍并购和连锁经营的限制性条款或行为。根据国际发展趋势和国内产业发展水平，加快完善全国统一的商品技术标准体系，防止地方标准构成市场准入与流通的技术壁垒。取消限制企业兼并重组或增加企业重组负担的不合理规定，引导和激励各种所有制企业自主经营、自愿选择参与旨在提高运行效率的兼并重组。支持并鼓励企业根据市场竞争需要跨区域迁移，切实解决跨地区经营企业汇总纳税等一揽子问题。

进一步健全产权保护的法律保障，完善平等保护各类产权的法律法规体系。上升到法律高度，把保护企业家精神和财产权落到实处，高度重视私人财产权利保护，依法保护企业家财产权，有助于激发企业家精神，解除他们

创新创业的后顾之忧。尤其要加快纠正冤假错案的进程，同时避免出现新的侵犯企业产权和企业家私人财产权的行为，形成扶正纠偏的长效机制。

与健全现代市场体系的发展目标相关，加快修订陈旧法律法规的重点和难点在于招投标和市场监管领域。在市场监管领域，鉴于社会性监管领域修法已经基本完成，下一步需要修订或加快出台的法律法规主要集中于经济性监管领域，尤其是发布于20世纪90年代的价格法、通信法、电力法等部门法或监管法，亟待通过完善现代化监管法治框架为提升市场体系的竞争性和有序性提供有力保障。在完善部门监管法的同时，还应探讨制定统一的“公用事业监管法”“宏观调控法”等综合性法律的必要性和可行性。在社会关注度比较高的招投标领域，2018年国家发展改革委发布了《必须招标的基础设施和公用事业项目范围规定》（发改法规〔2018〕843号），已经大幅缩小了必须招标的大型基础设施、公用事业项目的范围，采取了负面清单模式，即未明确列出的项目范围都非必须招标，做到了项目范围“该放的要放到位”。下一步工作重点是“该管的要管住管好”，对于仍然“必须招标”的部分领域，在具体程序和环节上还需大幅精简，力争为市场主体节省更多机会成本，同时加快设施项目建设进度和提高完成质量；对于已经不属于“必须招标”的领域和项目，要激励和保障市场充分竞争，增强行业和企业自律意识和能力，着力加强事中事后监管，充分保障质量和安全。尤其是部分已经退出“必须招标”范围的市政工程和公用事业项目，尽管资金规模不够大但仍涉及公众利益和公共资源，不能一放了之，市场监管、财政、审计、建设部门应建立联防联控的长效机制，防止财政资金使用低效。切实降低中小企业参加各地政府采购和公共项目招投标的门槛，纠正招标采购流程不清、保证金管理混乱及串通陪标等违法违规行为。明确规定公共部门采购资金支付时限、支付方式及相应违约条款，规定不得将供应商交纳的投标保证金擅自转为履约保证金，不得挪用或套取保证金，必要时约定保证金返还时限。

（二）深化“放管服”改革和商事制度改革，进一步激发市场主体活力

当前，“放管服”改革已经从“放”和“事前管”转向“事中事后管”和深化服务，深化审批体制改革已从解决“审批多”向解决“审批难、审批慢”的方向转变。下一步改革的关键是全面塑造“亲清正”的新型政商关系，有为政府更好地服务于现代市场体系建设。

多措并举持续深化“放管服”改革。推动政府职能深刻转变，最大限度减少政府对市场资源配置和市场主体活动的直接干预，最大限度激发市场活力、发展动力和内需潜力。一是以激发市场活力为目标进一步简政放权，大幅压缩企业开办时间、工程项目全流程审批时间和进出口通关时间，进一步减税降费让企业和群众有更多获得感。当前，在“审批多”已经基本解决的情况下，要着力解决“审批难”问题。审批为什么还是比较难？主要问题是没有给市场主体以明确的预期，许可一件事情，要件列得很清楚，但能不能批下来、何时批下来仍不清楚。究其原因，一方面存在政府部门认为某市场已饱和，所以要加强控制；另一方面不排除不作为等问题。下一步深化审批体制改革，要着力避免“连环套”，即审批事项互为前置条件。大幅削减与行政许可相关的前置中介服务事项，废止各种形式的“中介垄断”行为，将政府对市场微观主体的直接干预降至最低程度，营造企业自主经营公平竞争的市场环境。二是引导和鼓励各地结合自身实际积极创新监管模式和机制，进一步健全“双随机、一公开”的基本手段，突出监管重点，切实推进跨部门联合监管，推广“互联网＋监管”模式。健全高质量发展为导向的绩效考评机制，坚决问责各类不作为、乱作为。此外，政府服务全面提质增效是重点也是难点。积极搭建一体化平台，提高服务精准度，持续开展各类减证利企

便民行动，为创新创业营造良好政务生态，此项工作的关键是常抓不懈。

（三）健全市场监管体系，以高质量监管保障市场体系现代化

完善层次分明的市场监管法治体系，加强重点领域的系统性、综合性立法工作，设置全国统一的基本安全线标准，以生存型标准作为“兜底线”，适当增加中央的监管事权和支出责任，而以功能型、享受型标准作为“非基本安全线”，可由地方自行确定并保障。针对重点领域仍存在的难点问题，进一步建立职能完备的监管组织体系，按照行业技术经济特性、影响范围和财政责任，合理划分中央与地方监管权限，建立能够发挥垂直管理与分级属地管理各自优势的混合体制。引入现代监管和系统安全理念，建立与监管对象和目标相适应的监管方式。在公用事业监管领域采用激励性监管方法，激励企业提高效率、降低成本；在公共安全监管领域建立主体责任、风险评估、快速预警、追踪溯源等一整套紧密且高效的监管程序与方法，以增强执法行为的可预期性。健全抑制监管机构滥用权力和减少决策失误的监督机制，建立监管自由裁量权基准制度和监管影响评估制度，进一步强化地方政府和市场主体的守信激励与失信惩戒机制，落实重大公共安全事件的责任终身追究制。

（四）深化财政金融体制改革

财政体制和金融体制是建立健全现代化市场体系，尤其是培育全国统一大市场有序高效运行的两大重要保障。深化财政体制改革的同时采取更加积

极的财政政策，有助于激活要素市场发展，增进各类市场融会贯通的内生动力；深化金融体制改革，有助于增进资本市场活跃度，促进资本自由流动，避免单个市场风险滋生与交叉传导，促进现代市场体系有序运行。

加快完善促进传统市场转型升级、新兴市场跨越发展、各类市场深度融合的财税制度体系。深化供给侧结构性改革不止在产品层面，更深层次的是强化要素的有效供给，加快推动要素市场化改革。为此，要更大力度地实施结构性减税，健全个人所得税新政落地后的配套措施，进一步完善对人力资本投资的补偿和有效激励机制。健全支持市场主体自主创新的税收优惠政策，形成覆盖创新活动全过程的税收优惠。全面优化税收结构，扩大城乡居民消费能力和促进居民家庭消费升级的一揽子财税保障政策，推动供需高效对接的市场体系和平台建设。完善土地使用税费政策、完善生态税收体系，根据双碳目标推进资源税改革，逐步扩大环境税的课税范围，提高税种绿色化程度。更好发挥财政资金的“补短板”作用，更多投向民生保障和基本公共服务，解除实体企业和实体市场运行的后顾之忧。

对于维护全国市场统一性、破除区域分割而言，关键是进一步理顺中央和地方财权事权和监管责任。坚持发挥中央和地方两个积极性的原则，适当增加中央事权，切实优化中央和地方税收的分利结构，帮助地方政府摆脱盲目招商引资和土地依赖症，从根本上加快全国统一市场体系建设。

积极推进金融体制改革，为整个现代市场体系运行提供切实有效的资金融通保障。增加金融产品和服务供给，丰富金融机构体系，加大社会资本进入银行业的力度，发展不同规模、多种模式、多元化经营的金融机构层次体系。坚持发展普惠金融和多业态中小微金融组织，着力解决中小微企业融资难问题。健全多层次资本市场体系，大力发展直接融资，逐步建立和完善主板、中小板、创业板和新三板市场之间的转板对接机制和退出机制。加快推进人民币汇率市场化改革和基准利率形成机制改革，积极稳妥推进人民币国际化进程，提升人民币在国际上的结算地位和市场影响范围。建立健全金融宏观审慎监管体系与框架，完善统一监管规则，丰富监管工具箱和政策集合，促进监管决策机制更加公开化、透明化，强化监管和问责，正确引导全社会市场预期，积极防范和降低区域性和系统性金融风险。

（五）加快推动产权制度改革，促进要素资源市场化配置和自由流动

产权是所有制的核心，保护产权是完善基本经济制度的重要内容，目标和原则都已明确，关键在于落实。中央多次重申健全归属清晰、权责明确、保护严格、流转顺畅的现代产权制度。明确“公有制经济财产权不可侵犯，非公有制经济财产权同样不可侵犯”的原则，保证各种所有制经济依法平等使用生产要素、公开公平公正参与市场竞争、同等受到法律保护，依法监管各种所有制经济。国家保护各种所有制经济产权和合法利益，与市场经济法治体系建设密切相关，关键在于严格依法行政，惩治滥用行政权力排除或限制竞争行为。

以“确权”为目标加快推动资源要素产权制度改革，即明确产权归属和收益主体，这是促进要素资源有效交易的前提和基础。从自然资源产权体制改革的方向来看，党的十八届三中全会已经给出了明确目标，关键在于落地实施。要把全民所有的矿藏、水流、森林、山岭、草原、荒地、海域、湿地、滩涂等各类自然资源当作一种“资产”，做到四个“统一”，即统一调查统计、统一确权登记，统一规范标准，统一信息平台。推动自然资源产权制度改革，明确资产所有者和监管者，建立和实施自然资源有偿使用制度，按照市场交易规则健全交易平台，完善价格形成机制等。四个“统一”的重点和难点仍在于健全机制，在公开透明的平台上实施，做到规则可预期、流程全

公开、结果可追溯。总之，就是让自然资源真正转变为可流动、可交易、有交易价值属性的资产，在全国统一的市场体系和交易平台上，为真正的市场主体创新创业所用。对于自然资源的开发利用和资产化，除了自身产权制度建设，还需要配套明晰环境产权制度，建立相应的市场交易机制，发挥市场机制作用，通过体现“全部生命周期成本”的产权交易实现生态环境资源优化配置。同时，完善资源税和环境保护税费制度，真正实现“谁污染谁付费，谁治理谁受益”，从根本上避免市场不良主体破坏环境、滥用资源的“搭便车”行为。

着力完善自主知识产权保障体系和标准框架，促进国内国际两个科技市场、两类科技资源顺畅交易、互通有无。在国内，要严厉打击侵犯知识产权违法犯罪活动，重点查处制假源头、重复侵权、恶意侵权等违法行为；多措并举推进知识产权保护中心建设，动员全社会力量和资源，创新知识产权保护中心的运行机制。在国外，亟待建立和完善知识产权海外维权保障机制，在不侵权方面严格自律，同时也要有不被侵权的预防保护意识，提升我国企业海外维权能力。此外，还要建立健全促进国内外科技资源要素自由流动的长效激励机制。对内，下决心打破束缚科技资源的条块分割体制，建立完全由市场决定科技创新项目和经费分配、成果评价的良性机制。对外，大力发展多边技术市场，创新技术跨国转移的新体制新模式，尤其是畅通科技型企业对外交流的渠道，在确保不发生重大风险的前提下，尽可能对接国际市场科技资源和产业应用平台，促进科技成果资本化、产业化。

（六）强化社会治理和社会信用体系建设，确保市场有序运行

夯实社会信用体系的基石作用，引导和监督市场主体的自律行为。信用

是市场经济的基石，强化市场主体自律关键要靠社会信用体系建设。进一步巩固全国信用信息平台建设成果，充分利用“互联网＋大数据”的征信体系，对市场主体进行多维度信用评价，务求信用评价结果的联合运用取得实效。将信用评价依据从银行信贷拓展至经济社会等各个领域，鼓励公共部门利用信用评价结果广泛开展跨部门的守信联合激励和失信联合惩戒，对违法失信主体依法予以限制或禁入，真正实现“一处失信、处处受限”。培育和发展信用服务市场，建立公共信用服务机构和社会信用服务机构互为补充、信用信息基础服务和增值服务相辅相成的多层次、全方位的信用服务体系。

积极拓展公众参与市场体系治理的范围和渠道。针对消费侵权热点问题和典型侵权行为，建立各类市场主体和社会主体协同参与的消费维权和监督体系。发展能够真正代表消费者利益的新型专业性消费者协会，提高消费者群体的集体协商能力。充分发挥行业协会的自律作用，以多种方式推动企业披露相关的社会责任信息。

执笔：臧跃茹　郭丽岩

第七章
我国要素市场发展与改革

内容提要：改革开放以来，我国要素市场发展改革可以分为四个阶段：1978—1991 年，重点是促进要素市场交易和激活拥有者积极性；1992—2000 年，重点是规范要素流通交易和完善要素市场机制；2001—2013 年，重点是要素交易机制和促进要素市场发育；2014 年至今，重点是提升要素市场化和交易制度化程度。当前，我国进入新的历史发展阶段，但是改革滞后导致要素市场难以满足愈发迫切的发展诉求。面对我国经济进入高质量发展阶段的内在诉求，以及针对现代化经济体系建设的紧迫需求，我国未来应该坚持市场化改革的导向，紧紧扣准要素市场体制机制问题，以健全多层次市场和完善监管为重点，建设服务实体经济能力较强的资本市场；以完善产权体系和推进一体化为重点，建立产权明晰和交易有序的土地市场制度；以破除劳动力市场各类分割为重点，形成有助于促进灵活就业的劳动力市场机制；以管理体制改革和创新服务为重点，构建激励有效和转化有力的科技市场体制。

《中共中央关于全面深化改革若干重大问题的决定》明确提出，要“建设统一开放、竞争有序的市场体系，是使市场在资源配置中起决定性作用的基础。必须加快形成企业自主经营、公平竞争，消费者自由选择、自主消费，商品和要素自由流动、平等交换的现代市场体系，着力清除市场壁垒，提高资源配置效率和公平性”。其中，要素市场改革是现代市场体系建设的重中之重，也是加快建设现代化经济体系的核心支撑。《中共中央 国务院关于构建更加完善的要素市场化配置体制机制的意见》更是明确提出，“完善要素市场化配置是建设统一开放、竞争有序市场体系的内在要求，是坚持和完善社会主义基本经济制度、加快完善社会主义市场经济体制的重要内容”。回望四十余年改革开放历程，我国在资本、劳动力、土地和技术等要素市场方面都推进了相应改革，使要素市场逐步摆脱了计划经济条件下的“统配制”，要素产权权属逐步明晰，要素自由流动持续优化，要素价格市场化不断推进，极大释放了“要素再配置”的“改革红利”。然而，和世界许多国家的发展历程相似，由于要素市场调整难度大、范围广、影响深，我国要素市场的制度变革滞后于商品市场，要素市场“双轨制”在一定范围内、一定领域中和一定程度上依然存在，不利于我国经济结构升级、发展效率提升、收入分配优化，既与我国经济高质量发展的阶段特征不适应，也与现代化经济体系建设与完善的现实需求不匹配。因此，面向建成社会主义现代化强国目标，要素市场改革成为未来我国供给侧结构性改革和经济体制改革的重中之重。应以市场化为导向，破除阻碍要素自由流动的体制机制障碍，扩大要素市场化配置范围，健全要素市场体系，推进要素市场制度建设，实现要素价格市场决定、流动自主有序、配置高效公平，为建设高标准市场体系、推动高质量发展、建设现代化经济体系打下坚实制度基础。

一、我国要素市场改革的基本历程

我国要素市场改革是伴随市场化改革步伐与节奏同时推进的，资本市场、土地市场、劳动力市场和技术市场改革虽然在进程上不完全一致，但总体是按照改革开放伊始、1992 年确立社会主义市场经济体制目标、2001 年加入世界贸易组织以及 2013 年开启进一步深化改革几个时点及其形成的阶段推进。虽然各阶段要素市场改革以及同阶段各要素市场改革之间的力度和深度不尽相同，但是其总体推进的路径有规律可循。这几个阶段的要素市场改革都各有突破，极大激活了要素存量潜力，提升了要素配置效率，为我国经济社会持续健康发展提供了重要基础保障。

（一）1978—1991 年：促进要素市场交易和激活拥有者积极性

新中国成立之后到改革开放之初，我国实施纯粹的计划经济体制，要素流动困难，土地、劳动力和技术市场几乎不存在，要素配置不合理，要素使用效率较低。因此，在改革开放之初，我国政府要素市场改革的核心就是如何使要素交易和流动起来，并打破过去的要素国有制和集体制，提升要素拥有者积极性，激发要素的生产潜力，不断提升要素的配置效率。

在资本市场，我国加快金融体系调整，实行金融机构多元化，打破传统制度一统天下的组织结构，建立了二级银行制度的框架，出现了以产业分工为主要特征的专业银行机构，多元化金融组织机构逐步构建，发展了一批非银行金融机构，组建了一批保险公司，证券业快速崛起，上海、深圳两个证券交易所正式成立，信托投资公司、财务公司以及各种外资银行也纷纷设立并逐步得到规范，极大地丰富了我国的金融市场。

在土地市场，我国逐步推进土地所有权与使用权分离，承认了农村土地的承包经营权，确立了城市土地有偿使用的基本原则，并允许城市土地使用权的出让、转让、出租、抵押以及划拨等，并在此基础上加快促进土地各种方式的交易，为优化土地配置和发挥土地效能提供制度基础。

在劳动力市场，我国政府开始允许公民自谋职业，提出了“在国家统筹规划和指导下，实行劳动部门介绍就业，自愿组织起来就业和自谋职业相结合”的就业方针；逐步实施劳动合同制，1981 年提出国营企业要实行合同工、临时工、固定工等多种形式的用工制度，1983 年进一步放宽对集体经济、合作经营以及个体经济的限制，1986 年开始聚焦于全员劳动合同制的普遍推行，要求对所有城镇新就业的人员实行劳动合同制，劳动力流动和配置的障碍逐步被消除，劳动力市场开始活跃起来。

在技术市场，我国政府开始承认技术产权的个人归属，并推进技术产权自由灵活交易，1978 年全国科技大会上，邓小平同志提出“科学技术是第一生产力”的观点，1985 年 1 月 10 日国务院颁布了《关于技术转让的暂行规定》，把技术作为一种商品，并对技术商品的产权界定、技术转让的价格、支付方式、转让形式、权益分配等方面进行制度安排，之后《关于科学技术体制改革的决定》《中华人民共和国技术引进合同管理条例》《中华人民共和国技术合同法》《中华人民共和国技术合同法实施条例》《技术合同认定登记管理办法》《技术合同认定规则（试行）》等一系列基本法律、行政法规、部门规章和地方性法规相继颁布，构成了比较完备的技术商品化的法制体系，同时陆续在全国各地建立健全了技术市场管理机构，为科学技术转化运用以及科技与经济融合发展创造条件，提升了科技对激发经济增长活力的贡献。

（二）1992—2000 年：规范要素流通交易和完善要素市场机制

1993 年，中国共产党第十四届中央委员会第三次全体会议通过的《中共中央关于建立社会主义市场经济体制若干问题的决定》（以下简称《决定》）提出，要"发挥市场机制在资源配置中的基础性作用，必须培育和发展市场体系"，要"着重发展生产要素市场，规范市场行为，打破地区、部门的分割和封锁，反对不正当竞争，创造平等竞争的环境，形成统一、开放、竞争、有序的大市场"。为了实现《决定》提出的目标，这一阶段要素市场改革的核心是规范要素交易和完善要素市场体制，为加快推进改革开放提供更好的要素条件。

在资本市场，统一的证券市场开始形成，上海证券交易所和深圳证券交易所于 1990 年成立并开始营业，1992 年之后，证券交易所进入了加快发展的阶段；1994 年，我国又进行了外汇管理体制改革，人民币官方汇率与市场汇率并轨，实行以外汇市场供求为基础的、单一的、有管理的浮动汇率制，同年银行间外汇市场正式运营并成立了中国外汇交易中心。在这一阶段，从金融监督和管理角度出发，一系列资本市场的法规颁布完善了市场监管制度，同时中国人民银行、证监会、保监会、银监会的"一行三会"分业监管格局基本形成。

在土地市场，我国在土地所有权与使用权分离以及权属交易的基础上，进一步规范和管理土地市场，避免市场交易带来的耕地安全和城市建设用地滥用与流失问题。从农地管理制度看，改革核心是切实保护耕地。从城市建设用地看，改革的核心是规范土地管理。

在劳动力市场，我国逐步提升不同层次劳动力就业的灵活性，并规范劳动力就业市场机制，为劳动力自由流动创造良好环境。1993年，提出建立“国家宏观调控，企业自主用工，多种形式并存，全员劳动合同”的新型劳动用工制度。1995年劳动部提出“实行企业安置、个人自谋职业和社会帮助安置相结合”，下岗职工和失业人员实现了灵活就业。1996年提出了“建立健全以外出人员常住户口所在县（市、区）为管理基础的外出就业登记和‘外出人员就业登记卡’的发放、管理制度”，农民工灵活就业程度不断提升。

在技术市场，我国逐步确立技术成果转化的具体规则与机制，为技术市场交易规范化和制度化提供重要保障。提出“稳住一头，放开一片”的方针，在稳定支持基础性研究和科技人才队伍建设的同时，放开放活面向经济建设和社会发展的研究、开发、创新机构，在科技成果商品化、产业化等活动中更多地引入市场机制。通过《中华人民共和国促进科技成果转化法》，加大对科技人员的奖励，对科技人员给予不低于20%成果收入的奖励，并规定科技人员的报酬和奖励可以折算为股份和出资比例。1999年进一步出台了《关于促进科技成果转化的若干规定》，对科技成果协议转化等处置方式给予认可。

（三）2001—2013年：完善要素交易机制和促进要素市场发育

2001年我国加入世界贸易组织，引发了我国的“倒逼式改革”。在这个阶段，我国的要素市场改革进展并不理想，除了土地市场改革有所突破外，劳动力市场和技术市场仍然是在上一轮改革基础上进行完善，但是这个阶段要素市场的发展较为迅速，形成了一定规模的要素市场。

在资本市场，2004年《国务院关于推进资本市场改革开放和稳定发展的若干意见》（即“国九条”）出台，对于大力发展资本市场具有里程碑意义，提出了推进资本市场改革开放和稳定发展的指导思想、任务及相关政策，之后逐步形成了沪深主板、中小板、创业板、三板（含新三板）市场、产权交易市场、区域性股权交易市场、债券市场、外汇市场、期货市场等多种交易平台，构建起了多层次的资本市场结构。

在土地市场，我国加快推进和健全公开土地出让制度，并开始推动城乡土地一体化进程，在完善土地管理制度的前提下，为城乡土地大市场建设奠定了重要基础。公开出让土地制度得以建立并不断健全，土地有偿使用范围逐步扩大，同时通过改革推进土地城乡一体化。

在劳动力市场，我国延续了上一轮改革的思路和路径，加快完善市场化就业机制，在下岗职工再就业、高校毕业生从业、农民工新就业等层面推出了一系列政策。提出要“鼓励发展个体、私营、外商投资、股份合作等多种所有制经济扩大就业，鼓励下岗失业人员通过非全日制、临时性、季节性、弹性工作等灵活多样形式实现就业”。同时，提出要“支持各类企业尤其是中小企业、民营企业吸纳高校毕业生就业，大力扶持毕业生自主创业和灵活就业”。此外，还提出“国家实行城乡统筹的就业政策，建立健全城乡劳动者平等就业的制度，引导农业富余劳动力有序转移就业”。

在技术市场，我国在加快推进自主创新战略的同时，逐步提出强化科技激励的战略举措，确定了“自主创新，重点跨越，支撑发展，引领未来”的发展方略，提高自主创新能力，建设创新型国家，特别强调了要建成高效通畅的技术转移机制，高效的科学知识传播机制，以完善科技创新体系，但是这个阶段的技术市场实质性改革措施并不突出。

（四）2014 年至今：提升要素市场化和交易制度化程度

2013 年 11 月党的十八届三中全会通过了《中共中央关于全面深化改革若

干重大问题的决定》，提出要建立“商品和要素自由流动、平等交换的现代市场体系”，并对进一步深化要素市场改革作出了具体安排。围绕这一部署，我国政府从要素产权的基础层面开始，直到要素交易的具体规则，正逐步完善中国特色社会主义市场经济要素交易制度的建设，并以此促进要素市场化程度的提升。

在资本市场，有关资本深化的改革持续推进，多层次资本市场体系不断健全，资本市场监管体制也继续完善。2014 年国务院发布了《关于进一步促进资本市场健康发展的若干意见》，提出加快建设多渠道、广覆盖、严监管、高效率的股权市场。2015 年 8 月，央行启动新一轮汇率改革，宣布进一步完善人民币汇率中间价报价，中间价参考上日银行间外汇市场收盘汇率，人民币汇率逐步与美元脱钩。此外，2014 年证券法第三次修订，2015 年商业银行法第二次修订，保险法第三次修订，《私募投资基金监督管理暂行办法》《证券公司风险控制指标管理办法》和《上市公司重大资产重组管理办法》等系列文件先后出台，资本市场法治化、制度化程度不断提升。特别是，2017 年 10 月金融稳定发展委员会成立，成为国务院统筹协调金融稳定和改革发展重大问题的议事协调机构；2018 年 3 月，银监会和保监会合并组建中国银保监会，我国金融行业综合监管步伐已正式迈开。

在土地市场，围绕完善土地市场长期制度建设，我国加快城市土地制度管理，并逐步推进农村土地规范流转。对于土地产权制度安排进行了明确规定，为土地交易提供了重要基础，使土地制度改革进一步向前推进。与此同时，在农村土地流转层面有实质性突破，在条件符合的前提下，家庭承包方式取得的土地经营权、其他承包方式取得的土地经营权、集体经济组织未发包的土地经营权以及其他依法可流转交易的土地经营权可以进行流转交易；并允许农村集体经济组织、承包农户、家庭农场、专业大户、农民专业合作社、农业企业等各类农业经营主体，以及具备农业生产经营能力的其他组织或个人均依法在农村土地经营权流转交易市场进行交易。

在劳动力市场，我国通过户籍制度改革加快化解城乡劳动力市场分割的矛盾，同时逐步完善劳动力市场管理机制，为劳动力流动与交易提供制度保障。先是提出了全面放开建制镇和小城市落户限制，有序放开中等城市落户限制，合理确定大城市落户条件，有效解决户口迁移中的重点问题，并切实保障农业转移人口及其他常住人口合法权益，扩大农业转移人口及其他常住人口基本公共服务覆盖面，这些改革都有利于城乡统一劳动力市场的建立。此外，我国加快完善劳动力市场交易机制，全面实行劳动合同制度，推行集体协商和集体合同制度，健全劳动保障监察制度和劳动争议调解仲裁机制。

在技术市场，顺应“创新发展”战略和“大众创业、万众创新”号召，我国加快科技产权赋权改革和转移转化机制改革，为技术市场带来了繁荣动力。党的十八届三中全会提出的“健全技术创新市场导向机制”与“健全技术创新激励机制”，本质上是要破除制约科技成果转化的制度性障碍，打通科技成果向现实生产力转化的通道。先是通过试点改革，赋予科研单位更多自主权，包括科技成果转化的自主处置权和收益权。与此同时，为加快实施创新驱动发展战略，打通科技与经济结合的通道，支持大众创业、万众创新，政府加大了对科研人员激励机制的创新改革。

二、我国要素市场发展存在的主要问题

经过多年的改革，我国要素市场的市场化程度大幅提升，市场在要素配置中的作用与功能极大强化，为我国经济社会发展提供了重要的基础。随着我国经济高质量发展的任务更加紧迫，对生产要素市场改革的诉求也更加急切。但是，我国要素市场依然存在市场分割、价格扭曲、配置低效等诸多问

题，且需要改革调整的层面逐步从相对容易调整的市场和领域转向问题更为突出的市场和领域，需要触及深层次的矛盾。因此，面向未来，我国要素市场的改革已经逐步进入深水区和攻坚期。

（一）资本市场改革不到位，不利于防范化解重大风险以及现代金融和实体经济协同发展

第一，资本市场存在制度缺陷。股市仍然被认为是帮助企业筹集廉价资金的渠道，很少考虑保障中小投资者的收益权，监管机构没有建立起一整套防范商业欺诈的制度，投资者不能得到与其所承担风险相应的回报；债市的银行间市场和交易所市场分割问题依然严重，投机者可在两个市场间套利；人民币汇率形成机制还不稳定，升值或贬值趋势容易导致市场投机。

第二，多层次资本市场建设滞后。直接融资规模占比偏低，债务融资具有较强的顺周期性，在经济下行时获贷难度加大，甚至面临抽贷、断贷的窘境，易引发金融风险，不利于实体经济的健康发展；大量的股权资本被定增占用，对于数量庞大的中小微企业而言，由于区域股权市场的挂牌公司数量不多，交易活跃度低，融资功能发挥有限，其融资难问题并未得到根本性解决，服务实体经济功能不强。

第三，资本市场国际化亟待提高。2019 年底，A 股自由流通市值中外资持股占比仅 3.5%，远低于日本、韩国的 30% 和 16%。

第四，资本市场风险持续积累。房地产泡沫、影子银行风险、地方债务风险等方面的问题直接危及我国资本市场风险安全，通道业务迅猛发展，融资工具日益复杂，金融风险不断集聚，P2P 等融资平台违法违规金融案件数量快速上升，已在一定程度上危及社会稳定，金融维稳压力加大。

（二）城乡土地制度不完善，不利于乡村振兴战略实施、城镇化质量提升以及政府职能转变

第一，城乡土地制度改革不完善不利于提高城镇化质量。我国宪法规定，“城市的土地属于国家所有。农村和城市郊区的土地，除由法律规定属于国家所有的以外，属于集体所有；宅基地和自留地、自留山，也属于集体所有”。农村土地名义上归集体所有，但实际所有权虚置，农民对土地的使用权仅限于耕种权、部分收益权和极少量的处置权；由于土地权能残缺，农民权益得不到保障，影响土地利用效率。近年来，不少地区开始推进农村土地承包经营权流转，部分地区试点推进集体建设用地使用权流转，但都存在行政推动、市场化程度低、操作不规范等问题，宅基地使用权多处于禁止流转之列。这不利于农业规模化经营和农村土地利用效率提高，并引发撂荒、“空心村”等现象。中央政府通过行政审批、指标管理严格控制每年新增建设用地数量，地方政府利用土地储备制度垄断土地供应，一定程度上造成城市房地产建设用地供应不足，引发房价居高不下，而一次性收取土地出让金的土地批租制进一步抬高了房价，高房价在加重居民购房成本的同时提高了农民进城成本。农村土地产权不清晰，土地流转机制不健全，农民的财产性收入无法实现，影响农民到城市发展和在城市创业。

第二，农村土地制度改革不完善不利于落实乡村振兴战略。以家庭联产承包责任制为载体的农村土地制度改革效应逐渐枯竭。一方面，农村土地产权权能缺失，农民收入和农业经济可持续增长乏力，“增产不增收”和“种粮不挣钱”现象普遍；另一方面，农村土地产权制度激励功能不足，农民从事农业生产的积极性不高，农村市场化改革推进速度缓慢，农业生产力难以完全释放。党的十九大报告提出，“要坚持农业农村优先发展，按照产业兴旺、

生态宜居、乡风文明、治理有效、生活富裕的总要求，建立健全城乡融合发展体制机制和政策体系”，其中就包括了农村土地制度的完善机制。乡村振兴战略是党中央在深刻认识我国城乡关系变化趋势和城乡发展规律的基础上提出的重大战略，是促进农村繁荣、农业发展、农民增收的治本之策。当前的农村土地制度改革尚未站在更高的起点谋划和推进各项工作，不利于乡村振兴战略的实施。农村土地制度改革需要进一步巩固农村承包地“三权分置”制度、激发农村集体建设用地入市改革内生动力、拓展农村宅基地制度改革，最大限度加强农村土地资源的优化利用，在新形势下处理好农民与土地的关系，服务于乡村振兴战略的全面贯彻落实。

第三，城镇土地制度改革不完善不利于政府转变职能。现行城市土地使用制度不完善，体现在三个方面。一是土地批租制度不完善。尽管我国自1998年就引入“招拍挂”制度，但协议出让的工业用地至今仍占很大比例，影响土地利用效率。我国实行一次性收取土地出让期内（住宅用地70年、工业用地50年、商业用地40年）的全部租金，为了增加财政收入，不少地方政府采取大量批地或人为抬高地价的短期行为，影响土地市场长期稳定健康运行。二是土地供应实行双轨制。改革开放以来，我国在结束城市土地无价、无偿、无期限使用制度的同时，对城市土地供应实行双轨制，党政机关、学校和医院等事业单位用地实行行政划拨，对经营性用地探索实行有偿出让。但至今行政划拨土地在我国还占较大比例，利用市场机制有偿转让的土地只是房地产用地，工业用地还主要是行政定价，不少地方往往通过无偿划拨再变通为经营性用地的现象比较普遍。三是土地使用管理制度不规范。由于非市场配置用地比例过高，导致基础设施、机关事业单位、军事用地等公益性用地粗放使用、乱用、转用，甚至“圈地”，不少地方粗放利用土地，工业集聚度低，并形成城乡土地利用混杂交错的半城市化地区。政府利用行政手段主导土地配置权，造成市场机制在土地资源配置中不能有效发挥作用，与我国政府转变职能的要求完全相悖。现行土地使用制度还是引发“土地财政”的重要原因，不少地方政府利用该制度低价征收农村土地，在土地一级市场高价出售，进而获得巨额土地出让收益。不少地方政府追求卖地生财，土地管理中的目标偏离公共利益，不利于行政管理体制的改革和政府职能的转变。

（三）劳动力市场机制不健全，不利于人口跨区流动、所有制改革以及城乡一体化发展

第一，户籍制度改革不到位阻碍了人口进一步跨区流动。自 1978 年以来，虽然与户籍制度相关联的各项制度都已经进行了不同程度的改革，但迄今为止，全国绝大部分地方（特别是大城市）的户籍制度仍然是从计划经济体制延续下来的旧制度，没有实质性的变化，只有少数地方在近年来经过逐步放宽户籍管理之后，才在户籍制度形成的壁垒上打开了缺口。但是，与其他领域的改革相比，针对户籍制度分割状况的、具有关键意义的改革尚未进行，我国仍然没有形成稳定的、制度化的吸纳农村剩余劳动力的城市就业机制，城市劳动力市场还没有条件对农村实行全方位开放，进城农民工的居住条件、工伤医疗、子女教育等得不到基本保障，这在一定限度上制约了农村劳动力的自由转移，并严重地影响了人口跨地区的流动。

第二，劳动社会保障体系不健全不利于高质量城镇化发展。由于我国社会保障体系建设起步较晚、先天不足、发展滞后，因而现有社会保障体系还不能适应劳动力市场发展的客观要求。首先，失业保险承受能力较低，从全国来看，目前仍实行市、县级统筹，各地区之间失业保险基金一般不能调剂使用，一些地方失业保险基金已经出现入不敷出的现象，难以承受大量职工失业所带来的冲击，这种状况对建立市场就业机制和劳动力市场的发展已产生很大的阻碍作用。其次，养老保险先天不足、包袱沉重、收支缺口很大，

目前除少数试点地区开始逐步做实个人账户之外，大多数统筹地区的个人账户是空账，已形成数千亿元资金缺口并存在企业与机关事业单位养老保险制度不统一、现行退休年龄政策与人口老龄化之间的矛盾日益加大、养老保险基金（以及其他社会保险基金）缺乏有效的保值增值机制等问题。最后，医疗保险制度改革难度较大、问题较多，困难地区、老工业基地和国有困难企业筹资困难，个体从业人员、其他灵活就业人员、进城农民工以及一些城镇集体企业、私营企业、外资企业职工在覆盖范围之外，多数地区尚未建立社会医疗救助制度，部分困难群体（如低保人员）的医疗保障问题比较突出。

第三，劳动力市场的部门分割制约了所有制改革。改革以来，在我国劳动力市场产生和发展过程中，从一开始就被分割成“劳动力市场”和“人才市场”，这是由于在劳动人事管理体制上存在的部门分割所造成的。具体来说，我国不同体制的单位人才存在分割，特别是国有企业和民营企业的劳动力市场分割十分明显，集中表现为劳动力在垄断行业和竞争行业之间缺乏流动性，两个行业之间的职工收入存在巨大差异。劳动力市场的行业分割阻碍着劳动力市场的一体化，限制了劳动力这一生产要素的优化配置，造成了效率损失。由此，消除劳动力市场的行业分割对于促进所有制改革与结构发展意义重大。

（四）科技体制不优化，不利于经济发展方式转变、对外开放拓展以及国家科技安全保障

第一，政府角色定位不清晰不利于转变经济发展方式。我国已进入转变发展方式、优化经济结构、转换增长动力的攻关期，进一步深化技术市场改革，充分发挥技术市场在转方式、调结构方面的支撑作用，是建设创新型国家，实现高质量发展和现代化经济体系建设的必然要求和应有之义。然而，

我国当前的科技体制机制存在明显缺陷，科技与经济两张皮的核心问题没有得到真正解决。一方面，技术生产过程过分依赖国家经费和政策激励，“计划经济思维方式”仍普遍存在，导致科技活动主体过度依赖税收优惠、资金扶持等科技政策，忽视了市场的作用，市场配置科技资源的作用较弱；另一方面，技术转移过程受“市场万能”思维的支配，过度自由放任，缺乏有效引导和监管，以为建立起技术（产权）交易所等常设机构就大功告成了。科技与经济对接效率低下，导致技术成果规模很大但质量不高，技术市场难以发挥优化配置科技资源的重要作用。事实上，尽管我国科技成果增长迅猛，每年新涌现专利成果超过一百万项，但供需体制机制缺陷导致科技成果转化率低，真正能形成产业规模的不多，不利于经济发展方式转变。

第二，创新生态建设不成熟不利于企业“走出去”。与发达国家普遍将发展技术市场作为优化配置科技资源、激活企业创新能力和占领国际技术竞争制高点的重要手段相比，我国大多只把技术市场视为技术商品的交易场所，企业创新主体意识不强，技术创新能力不高。一方面，由于企业经营管理制度等原因，很多企业在技术市场中的行为具有很大的短视性，创新研发动力不足，对外技术依存度高，且消化吸收强度较低，制约着企业技术创新能力的提高。另一方面，在计划经济思想的长期指导下，从基础研究到产业化的计划体制，政府控制根深蒂固，企业创新主体地位仍未真正确立，由市场来发现和选拔产业项目的机制还不成熟，以企业为主体的国家创新体系建设未有实质性突破。此外，由于知识产权保护制度建设不到位，创新文化氛围不浓厚，我国企业在国际竞争中存在明显技术劣势，极大地制约了企业“走出去”的步伐。

第三，关键核心技术难突破不利于保障国家科技安全。关键核心技术是国之重器，对保障国家安全具有十分重要的意义。改革开放以来，为解决科技与经济两张皮的问题，我国实施了以市场化为导向的科技体制改革，实施了国家高技术研究发展计划（“863”计划）等一批重大科技专项，推动科技创业和高新技术产业快速发展，取得了一定成效，但总体进展仍不尽如人意，存在科研人员急功近利、科技经费一盘散沙、科技项目不够聚焦等突出问题，越来越不适应攻克核心技术的需要和当今科技创新跨学科、融合发展的趋势。主要原因在于缺乏相应的体制机制创新作保障。一方面，体制改革不彻底，高校等创新主体过度依赖政府资助而较少考虑市场需求因素，导致研究选题往往偏重技术与理论，与市场需求相去甚远。另一方面，机制运行不成熟，缺乏科学合理的科技成果评估标准和利益分配机制，尤其是科技成果评价短期化使科研人员难以做到“十年磨一剑”，而科技成果转化制度障碍进一步抑制了科研人员探索科技成果落地的积极性。这些科技体制机制缺陷的存在使我国关键核心技术长期受制于人，许多重要产业对外技术依存度高，丧失发展主动权，对国家科技安全形成重大挑战。

三、通过要素市场发展和改革构建现代市场体系

基于四十余年我国要素市场改革与发展的历史成就与现实矛盾，未来一段时期，应该坚持市场化改革的导向，加快土地制度、劳动力市场机制和技术市场体制改革，促进生产要素产权明晰、流动自由、价格合意、配置高效，为我国实现经济高质量发展和建立健全现代化经济体系奠定重要基础。

（一）以健全多层次市场和完善监管为重点，建设服务实体经济能力较强的资本市场

党的十九大报告提出，要“增强金融服务实体经济能力，提高直接融资比重，促进多层次资本市场健康发展。健全货币政策和宏观审慎政策双支柱

调控框架，深化利率和汇率市场化改革。健全金融监管体系，守住不发生系统性金融风险的底线”。资本市场改革应该从培育多层次资本市场体系和完善金融监管角度切入，同时加快构建市场机制和对外开放机制，为实体经济营造良好金融环境。

第一，深化资本市场机制改革。完善资本市场的制度建设，动态完善新股发行机制，推出注册制，强化上市公司退市机制，对上市公司设置分红的法定要求；做大做强债券市场，实质性地化解债券市场的分割，形成市场充分竞争条件下的国债收益率曲线，形成市场的基准利率；推动外汇市场深化发展，加大市场决定汇率的力度，加强市场主体汇率风险管理，拓展交易范围和丰富交易工具，扩大参与者主体，支持在跨境贸易和投资中使用人民币，促使人民币成为国际市场的主要储备货币之一。

第二，建设多层次资本市场。完善主板市场制度，丰富市场产品和层次，降低市场交易成本；积极发展创业板和培育科创版，明确市场定位，强化“创新”“成长”“孵化”内涵，提升其包容力和覆盖面；大力培育新三板市场，提升其交易、融资功能，加快做市商扩容，改革完善协议转让制度；规范发展区域股权市场，为地方政府扶持中小微企业提供综合平台；稳步发展股权投资、天使投资、种子基金等投资，为企业生命周期提供全产业链的融资服务解决方案；建立各层次市场间的转板机制，重点推进新三板向创业板转板试点。

第三，完善金融监管体系。依托金融稳定委员会，发挥“一委一行两会”综合金融监管功能，强化监管协调，加强各监管机构的信息交流，加强宏观审慎监管和微观功能监管；完善金融监管法治体系，尽快出台金融监管法，推动金融立法与金融体制改革密切衔接；提升金融监管科技，完善金融监管基础设施，打造金融监管专业科技团队，充分发挥大数据监测预警作用，进一步提高监管机构对金融风险的掌控、防范和化解能力；完善宏观审慎管理框架，持续完善宏观审慎评估体系，强化银行业宏观审慎监管，重点加强对跨市场、跨地区、跨行业金融业务的监管，特别是理财产品、信托计划、地方政府融资和消费信贷。

第四，形成金融改革开放新格局。稳妥推进资本市场对外开放，把握好金融开放节奏及阶段性重点，做好海外上市蓝筹股的回归工作，吸引优质境外公司来华，吸收全球卓越人才，提升我国资本市场的国际化和专业化水平；重视香港与上海国际金融中心的联系与分工合作，对于北京、深圳、重庆等有条件的内地及沿海城市，根据其条件确定为不同层次的地区性金融中心，构建不同辐射范围的金融中心体系；防范资本市场开放风险，审慎审批外资增加我国金融机构的持股比例，鼓励国内金融机构直面竞争、掌握竞争主动权，发挥宏观审慎调控的功能，防范和对抗国际对冲基金等投机性金融机构对国内资本市场的冲击，构建跨境短期资本流动管理体系；推进资本市场监管国际合作，开展多层次金融监管合作交流，充分用好用足亚洲基础设施投资银行、丝路基金和金砖国家银行，引领相关国际金融规则的制定，全方位参与国际金融监管标准制定。

（二）以完善产权体系和推进一体化为重点，建立产权明晰和交易有序的土地市场制度

党的十八届三中全会发布的《中共中央关于全面深化改革若干重大问题的决定》提出，要“赋予农民更多财产权利，建立农村产权流转交易市场，推动农村产权流转交易公开、公正、规范运行”。未来的土地市场制度改革，必须针对农村土地征收、集体经营性建设用地入市、宅基地制度改革这“三块地”，明晰产权归属、破除二元价格、规范交易流转，真正使土地合理再配置成为我国经济发展质量提升的核心驱动。

第一，建立和完善我国的土地产权体系。首先，加快建立土地交易市场。土地交易市场的建立要与产权制度改革相辅相成，土地的产权界定最大的功能就是为交易和流转提供法律保障，只有逐渐放开土地市场流转，产权界定的收益才能得到充分体现，资源有效利用的收益才能实现。同时，土地交易市场的建立还能激励权利的进一步界定。其次，完善土地价格体系。一方面，要逐步建立城乡统一的建设用地市场，对依法取得的农村集体经营性建设用地，必须通过统一的土地市场、以公开规范的方式转让土地使用权，在符合规划的前提下与国有土地享有平等权益。另一方面，在城市土地分级的基础上，确定区域基准地价，建立科学的土地使用权价格评估制度，公平公正地核定不同时期的土地市场价格。最后，积极探索农村集体建设用地进入市场的有效途径。面对城市化和工业化带来土地级差收益大幅升值，为了让集体建设用地进入市场，并使巨量的集体建设用地处于法律保护的范围，应该尽快建立允许农民集体建设用地进入市场的法律法规，允许集体建设用地可转让、可抵押，并以多种形式进入市场，为中小企业的发展和新型工业化提供制度保障。

第二，推动国有与集体土地同地同价同权。首先，对依法取得的经营性集体建设用地，允许转让、出租、抵押，纳入现行的土地市场统一管理；同时，合理分配集体建设用地开发和流转的收益，保障农民土地权益。其次，打破目前对城市规划圈内圈外土地按不同所有制不同准入管理的政策，城市规划圈内农民集体所有土地在符合用途管制前提下，也可不改变所有制性质进行非农建设。最后，加快征地制度改革。依法征收农村集体土地，按照同地同价原则及时足额就失地农民的土地财产权给以公平补偿。土地补偿额的确定，既要考虑土地的现有用途，也要考虑土地的区位特点，让农民的补偿中既包含有绝对地租，也体现一定的级差地租。

第三，严格执行城乡建设用地增减挂钩政策。首先，严格控制“城乡建设用地增减挂钩”试点规模和范围。由于农村集体土地房屋拆迁、宅基地补偿等方面的法律法规不健全、政策不配套，“城乡建设用地增减挂钩”当严格限定在试点范围内。对未经批准擅自开展挂钩试点、超出试点范围开展增减挂钩和建设用地置换或擅自扩大挂钩周转指标规模的，要严肃追究有关地方政府负责人及相关人员的责任，并相应扣减土地利用年度计划指标。其次，尽快出台专门针对农村房屋拆迁的规范性法规政策。在“城乡建设用地增减挂钩”的试点过程中，要保障农民全过程参与，充分尊重农民意愿。涉及村庄撤并等方面的土地整治，必须由农村集体经济组织和农户自主决定，不得违背农民意愿强拆强建，不得以“挂钩”的名义把农民的集体土地大量转为国有土地。各地区、各有关部门加强指导和督促检查，加大对违法违规用地行为的处罚力度，切实抓好落实。最后，增加对农民宅基地权益的补偿。宅基地是农民的一项重要财产，尤其是在经济发达地区和城市郊区具有很高的价值。对于在土地整理中腾退出宅基地的农民，不能仅补偿其房屋，还应当补偿其宅基地权益。

第四，减少地方政府对土地财政过度依赖。首先，改革集土地管理与土地经营于一身的行政体制，分离政府经营土地的职能。为使政府不再同时担任“裁判员”和“运动员”，避免与民争利，可参照国有企业改革的经验，成立国有土地资产管理委员会，专门负责组织、领导、经营国有土地方面的工作；同时，成立国有土地公司等经济组织，由其经营国有土地参与市场运作，或转让、出租、联营、入股，负担起保值增值的责任，并向国家财政上缴土地收益。其次，出台政策法规，明确界定“公共利益征地”的范围。为了解决“公共利益”在法律上难以准确界定的情况，建议出台政策法规对“公共利益征地”的范围加以明确界定。同时，严格限定行政划拨用地的比重，对建设用地中划拨用于公共设施建设的比重做出严格限定，清理打着公共利益的旗号、实际是营利性的用地。最后，改革土地出让金的征收方式，由一次性征收改为分年度收取。目前，我国的土地出让金实行的是一次性收取的方式，不仅存在寅吃卯粮，透支今后几十年政府收入来源的弊端，而且推高了土地成本，助推了房价高涨。因此，将土地出让金由一次性征收改为在土地出让期限内分年度收取，不仅可以减少地方政府一次性获得大量收入而产生的对于土地收益的依赖，而且可通过将受益分散至以后各个年度，解决代际不公平问题。

（三）以破除劳动力市场各类分割为重点，形成有助于促进灵活就业的劳动力市场机制

党的十九大报告提出，要“破除妨碍劳动力、人才社会性流动的体制机制弊端，使人人都有通过辛勤劳动实现自身发展的机会”。未来一段时期，要重点针对劳动力市场城乡分割、行业分割和所有制分割等问题加快相关体制改革，加快建立健全现代劳动力市场雇佣制度，并推进劳动力市场培训和信息交流相关机制创新，实现劳动力自由流动、灵活就业和规范雇佣，形成有利于支撑经济高质量发展的劳动力市场体系。

第一，构建城乡、行业一体化的劳动力市场。要进一步发挥市场在劳动力要素配置上的决定性作用，仍需加强劳动力市场一体化建设，努力营造公平、开放、透明的市场环境，强化市场的深度融合，提高劳动力资源的配置效率。总体来说，应保障劳动力市场化演进的基本方向，增强市场在劳动要素配置上的效率，大力提高制度质量，努力消除劳动力自由流动、公平配置的体制性障碍和政策壁垒，降低劳动力配置的交易成本。要深化并加快户籍制度改革，消除城乡户籍差异对劳动力福利特别是社会保障层面的差异及劳动力乡城间转移的不利影响，建立涵盖城乡所有劳动者包含养老、医疗、工伤、失业保险和住房公积金在内的城乡一体的社会保障制度，建立覆盖城乡

的全国性公共就业服务体系，逐步消除制度性限制对劳动力市场分割的影响。要努力消除行业间和所有制间劳动就业转移的机制障碍，为劳动力的自由流动和实现就业创造条件，充分保障低技能劳动力在城市和不同行业就业的社会福利，积极营造公平公正的良好社会就业环境，减少劳动力市场摩擦，降低其在城乡、地区、行业及不同所有制部门间的流动成本。

第二，规范劳动力市场派遣用工以及报酬制度。首先，应当明确劳务派遣的用工范围，尽快出台关于临时性、辅助性和替代性岗位的司法解释，明确岗位的范围，并且明确规定对违反“三性”进行操作的企业和个人的法律责任。其次，为了遏制劳务派遣无序扩大化，岗位应该设立上限，可借鉴其他国家的一些做法，如对不同行业规定派遣工不得超过一定的比例，考虑到劳务派遣本质上只是补充性质的用工模式，这种比例应该远低于正式员工的比例。再次，鉴于目前劳务派遣乱象丛生的现实，应当加强对劳务派遣行为的管理，尽快建立全国统一的劳务派遣操作规范；在劳动合同法的基础上，统一劳务派遣协议和劳务派遣合同的内容和格式，明确派遣三方的权利、义务和责任。最后，应完善由市场决定劳动力报酬的健全工资机制，更好地发挥政府监管与服务职能，完善人力资源市场建设，制定科学的劳动标准体系，健全劳动者与用人单位劳动关系协调机制，充分保障劳动者权益，稳步提升劳动者工资待遇水平。

第三，建立健全劳动力市场培训体系和信息体系。一是要建立灵活有效、覆盖城乡的职业教育和培训体系，增强劳动者就业、再就业和自主创业的实际能力。一方面，提升劳动者基础素质，加大教育投资力度，持续提高教育投资总额占 GDP 的比例，保证教育投资和物质投资的平衡发展。加快教育改革，加强素质教育和能力培养，使我国高等教育人才培养与市场需求充分衔接；坚持分层分类并结合区域特色的原则确立人才培养定位，积极探索需求导向和就业导向的人才培养机制。另一方面，加强职业培训，建设覆盖全体劳动者的职业培训制度，增加职业培训方面的政府资金投入，积极探索政府、高校、企业共同参与的职业培训模式，加快提升劳动者人力资本水平和劳动者素质水平，增强其创业就业能力；高度重视对低技能劳动力群体和农村待转移劳动力群体的职业技能培训，加强对低收入群体和低技能劳动力培训的资本和人力方面的投入，积极为不同技能水平劳动力的提升创造有利环境。二是要加强劳动力城乡、区域与行业间供求信息交流，提高职业培训效率。增加对输出劳动力岗位、工种等需求信息搜集的资源投入，提高劳动力培训与市场实际需求的对接程度，改善培训效果；建立“信息交流有偿机制”，鼓励现有公共或私营就业服务机构跨区域提供就业培训信息服务。

（四）以管理体制改革和创新服务为重点，构建激励有效和转化有力的科技市场体制

党的十八届三中全会发布的《中共中央关于全面深化改革若干重大问题的决定》提出，要“建立健全鼓励原始创新、集成创新、引进消化吸收再创新的体制机制，健全技术创新市场导向机制，发挥市场对技术研发方向、路线选择、要素价格、各类创新要素配置的导向作用”。未来的科技市场体制改革，必须发挥政府主导作用和市场在资源配置中的决定性作用，明确不同创新主体的功能定位，构建合理的科技成果持有人的激励机制，规范科技成果市场交易，最终推进和增强我国自主创新能力，为经济高质量发展提供技术和效率引擎。

第一，完善技术市场法制体系。首先，完善技术市场法律法规和政策体系。加强知识产权保护，修订技术合同认定登记管理办法和技术合同认定规则，推动地方加强对大额合同的认定登记和规范化管理，形成系统配套的技术市场法律法规体系，为技术要素市场运作和司法运作提供依据，为建立公

平、竞争、有序的技术要素市场提供进一步的法律保障；推动地方开展技术市场立法工作，完善技术市场管理条例和配套政策，加大支持技术市场及其服务机构发展的政策力度；通过财政政策、税收政策和金融政策促进技术交流，进一步降低或者减免科技成果转让的所得税，鼓励科技开发和成果转让，对具有较好市场前景的项目研究开发提供政策性融资支持。其次，落实科技成果转化相关政策法规。加强技术市场信用管理，依法加大对不诚信行为的打击力度，保障交易主体权益，营造公平竞争环境，增强技术交易双方的契约意识；加大技术市场的执法监督力度，加强技术市场服务机构规范化管理，净化技术市场，规范市场秩序；加快制定国家层面的《技术转移促进条例》，以统领技术转移方面的其他法规，明确政府、高校、科研机构、企业及其他组织技术转移的责任；把大力宣传、落实技术市场优惠政策作为技术市场管理的经常性工作，降低企业科技成果的使用成本，以便进一步提高技术市场对技术交易双方的吸引力。最后，推进技术市场部门与区域统筹协调。充分发挥技术市场管理办公室职能和作用，加强对全国技术市场发展的组织协调，加大对技术交易市场和技术市场服务机构的支持力度，对功能相近的科技成果转化机构或技术服务机构进行整合，避免科技政策“政出多门”。推进技术转移一体化布局，加强区域科技成果转移转化服务体系建设，推进技术市场组织网络化，建立健全区域综合性和行业性相结合的技术市场，避免科技资源区域间分散。

第二，改革科技成果管理体制。一是改革调整科技研发主体机构。深化科研院所和高等院校体制改革，继续深化拨款制度改革，除基础研究、共性关键技术及涉及国防安全等领域的技术研发外，推动科研院所更多地面向经济建设、面向企业应用；各类研究机构要明确定位，优化布局，稳定规模，提升能力，走内涵式发展道路，重在能力建设和制度建设。二是推动科技管理部门转变服务职能。院校科技管理部门要充分认识和发挥依托单位资源优势，当好“科技红娘”，积极搭建校企合作平台，在高校和企业间“铺路搭桥”，让产学研产生最大的催化效应，促进科技成果转化；积极开展交流、对接活动，把拥有科技创新资源的院所和离市场最近的企业直接联系起来，实现创新资源的深度整合和产学研之间的无缝对接，切实提高合作成功率和项目产业化率，促进产学研合作工作向纵深迈进；制订绩效考核办法，将高校、科研机构技术交易额纳入院校科技管理部门考核指标，对业绩突出的部门给予一定补贴和奖励，实现多方共赢。

第三，完善企业技术经营机制。一是鼓励企业把创新摆在核心位置。明确企业的创新主体地位，增强企业的创新主体意识。培育技术市场的主体，重在确立企业在技术市场中的主体地位，完善企业技术经营机制，强化科技与产业的结合；促使企业将技术创新视作生命线，贯穿于一切经营活动之中，使技术制胜的观念深入人心，引导企业加大对应用型技术引进和研发的资金投入，大力推进建设重点企业研究院。二是确保技术市场供求机制和渠道畅通。鼓励企业与高校等科研机构的有效对接和深度融合，深刻认识和准确把握当前技术市场发展面临的新形势和新机遇，在新一轮科技革命和产业变革中抢占制高点。三是加速应用型科研机构和设计单位实行企业化转制，大力促进科技型企业的发展，使企业真正成为技术市场的主体。

第四，推动技术服务职能转变。一是建立健全技术交易体制机制。完善技术类无形资产挂牌交易、公开拍卖与成交信息公示制度，建立互联互通的技术交易网络平台，推广科技成果市场化定价机制；推动现有基础条件好、影响力大、辐射面广的技术交易市场进一步规范发展，聚集高等学校、科研院所、企业、投资人、技术市场服务机构等各类主体，支持建立一批作为政府与企业在推进技术转让和技术转移联系层面的新型技术转让机构。二是建立全链条的科技成果转化管理和服务体系。大力发展一批社会化的技术市场服务机构，采取市场化运营机制，整合知识产权披露、保护、转让、许可、作价投资入股和无形资产管理等相关职能，为技术交易双方提供知识产权、法律咨询、技术评价、中试孵化、招标拍卖等综合配套与专业化服务，形成全链条的科技成果转化管理和服务体系。

执笔：曾铮

文献综述篇

第八章
建设和健全现代市场体系研究文献综述

内容提要：构建统一开放、竞争有序的现代市场体系是完善我国社会主义市场经济体制的重要内容。改革开放四十余年来，我国市场体系建设经历了初期尝试阶段、加速发展阶段、现代化体系初步建立和健全完善阶段，在实践中探索出一条具有中国特色社会主义的发展路径，即围绕商事制度改革、竞争政策完善、价格改革深化和开放水平提高等方面推进现代市场体系的建设和健全。在培育市场主体、放开要素市场、理顺市场运行机制、加强市场制度建设等方面取得了显著成效。但在发展和改革进程中，仍然存在要素市场发展滞后、区域市场分割严重、市场规则体系不健全、市场结构高度集中和外部市场环境发育迟缓等问题。需要继续加快市场主体和要素市场的相关改革，进一步健全市场运行机制、夯实市场制度基础，全面推进现代化市场体系建设。

党的十九大作出了贯彻新发展理念、建设现代化经济体系的战略部署，强调“经济体制改革必须以完善产权制度和要素市场化配置为重点，实现产权有效激励、要素自由流动、价格反应灵活、竞争公平有序、企业优胜劣汰”。2018 年 1 月 30 日，在主持中共中央政治局第三次集体学习时，习近平总书记指出，建设现代化经济体系的重要内容之一是“建设统一开放、竞争有序的市场体系，实现市场准入畅通、市场开放有序、市场竞争充分、市场秩序规范，加快形成企业自主经营公平竞争、消费者自由选择自主消费、商品和要素自由流动平等交换的现代市场体系”。现代市场体系对经济体制改革和持续推进经济高质量发展至关重要。为深化现代市场体系相关研究，应明确界定现代市场体系的基本概念和构成要素，梳理我国现代化市场体系发展的主要历程，总结相关经验，并在此基础上提炼我国建设现代化市场体系的主要做法。结合我国经济发展阶段，进一步分析我国现代化市场体系建设中面临的问题与障碍。就相关问题对现有文献进行综述，有利于我们明确现代化市场体系的内涵与外延，提炼我国发展的成功经验和相应问题，进而提出完善我国现代化市场体系建设的关键举措和主要路径。

一、关于现代市场体系的基本概念和构成

（一）现代市场体系的内涵

1. 市场

已有研究对市场的定义可归纳提炼为两种：一是将市场定义为商品交换的场所和领域，组织商品流通的体系。二是将市场定义为对商品和服务的供需关系和交易行为。第一种定义是对市场的具象部分的描述总结，第二种定义是对市场的抽象部分的概括提炼。

2. 市场体系

已有研究对市场体系的定义包括三个层次。第一个层次将市场体系定义

为包括各类子市场在内的有机统一体。这些子市场包括商品市场、要素市场等，它们之间不是孤立存在的，而是相互关联、相互影响和相互作用的。这一层次较为明显和具象，是可以观察到的表象层面。第二个层次属于制度层面将市场体系定义为市场结构、市场机制和市场规则相互关联和互动的有机整体。这一层次较为深入和抽象，涉及市场体系运行的规律和机理，是支撑整个市场体系有效运转的内在核心和支柱。第三层次将市场体系置于宏观的外部环境中进行分析，考虑市场与政府、社会等外部要素的互动关系，从能够决定一国市场体系具体制度的更高层制度的角度研究市场体系。

3. 现代市场体系

2002 年，党的十六大报告正式提出健全“现代市场体系”。相对于古典市场体系，现代市场体系的“现代”性在三个层次上都有所体现。在第一层次上，现代市场体系的市场类型更为丰富，出现了例如虚拟市场等新的市场形态；各类市场之间的关联也更加紧密，如线下实体市场与线上虚拟市场的互动，商品市场与资本市场日益丰富的联系等。在第二层次上，现代市场体系的制度更为完善，市场更为高效。在第三层次上，古典市场体系是市场对资源配置和经济活动起基础性调节作用，政府仅起到“守夜人”的作用。现代市场体系是在政府宏观调控下，由市场对资源配置起决定性作用（王季林，1997）。

（二）现代市场体系的外延

对市场体系外延构成的研究可分为两个层次。

第一层次认为市场体系是各子市场（商品市场、要素市场等）的合集。按照这一观点，市场体系可以有如下划分：

一是按交易对象可分为商品市场和要素市场。这是西方经济学的传统划分方法。商品市场主要包括消费品市场和生产资料市场，由于服务也是一种商品，因此服务市场也属于商品市场。要素市场包括劳动力市场、资本市场、土地市场、技术市场、信息市场等。也有观点认为，商品市场和要素市场可统称为广义商品市场。

二是按市场竞争结构可分为完全竞争市场、完全垄断市场、寡头垄断市场和垄断竞争市场（梯若尔，2015）。

三是按空间结构可分为国际市场、国内市场和区域市场。在我国特殊的二元结构下，又可分为城市市场和农村市场。

四是按市场形态和环节可分为有形市场（商品市场和要素市场）与无形市场（服务市场和权属市场），实体市场和虚拟市场，期货市场与现货交易市场，批发市场与零售市场。

第二层次是将市场体系看作一个各部分相互联系的大系统。这一系统中的要素包括市场结构、市场机制、市场规则等（怀谷，1990）。这些要素相互渗入、影响和作用，共同构成一个有机整体。

（三）现代市场体系的特征

研究认为，完善的现代市场体系具备统一、开放、竞争、有序四个特征。市场的统一性不是指市场范围在地理上的统一，而是市场规则等内在要素的统一，各种经济主体能够按照统一的市场规则进行各自的经济活动。市场的开放性不仅是对外开放，更主要是对内开放，即地区、部门之间的相互开放。市场的竞争性是指消除各种障碍，为各种市场主体提供公平、平等竞争的市场环境。市场的有序性是指由统一的市场规则维系市场活动的秩序，排斥行政干预和权力对经济生活的渗透（赵亚平、肖湘，2001）。

二、关于现代市场体系的建设历程和主要经验

市场体系的培育和健全是完善中国社会主义市场经济体制机制的重要任务。市场体系随着社会分工的深化，在多元市场结构和复杂市场机制的相互影响和制约中，逐步与市场经济发展适应。市场体系的形成和发展是动态的历史过程，根据市场体系发展的现代化程度，学者们将我国市场体系的发展分为四个阶段。

（一）对我国市场化发展阶段的划分

改革开放以来，学者们根据发展进程，将我国市场体系改革与建设分为1979—1991年、1992—2000年、2001—2012年、2013年至今四大历史阶段。

1．1979—1991年：市场化改革初期尝试阶段

这一阶段我国市场体系建设获得了历史性的突破，改革取得了巨大成效。首先，一些新的市场初步形成。在消费品市场领域，专业批发市场在义乌、温州、武汉等地开始出现。其次，价格形成机制改革取得明显进展。出现了政府定价、政府指导价和市场价格等多种价格形式。其中，工业生产资料探索实行价格“双轨制”，即增量部分以市场价格进入市场流通。此外，在这一阶段，以所有权与经营权分离为主要内容的国有企业改革拉开帷幕，计划管理特别是指令性计划管理的范围进一步缩小。但是，这一阶段的改革仍主要局限于增量部分（任兴洲，2008）。

2．1992—2000年：市场体系加速发展阶段

这一时期，我国市场体系建设在深度上和广度上都取得了前所未有的进

展。全国统一的商品市场建立并进一步完善，各类生产要素市场建设取得重大进展（任兴洲，2008）。市场化的商品价格体系和价格形成机制初步确立。在工业生产资料价格双轨制合并为市场价格单轨制的基础上，进一步放开消费品价格和服务价格，大部分实物商品和服务的价格均由市场形成，基本形成了由政府定价体制向市场价格体制转轨（纪宝成、陈甬军，2007）。

3．2001—2012 年：现代市场体系建立初期

这一阶段市场体系建设的主要进展体现在：一是着力构建开放性市场体系。2001 年加入世贸组织，使中国吸收和利用外资走上了快车道，外商投资企业逐步成为我国市场主体的重要组成部分。二是通过股权分置改革完善资本市场系统建设。2005 年 4 月，经国务院批准，证监会发布了《关于上市公司股权分置改革试点的有关问题》，正式启动股权分置改革。

4．2013 年至今：现代市场体系攻坚克难阶段

2013 年，党的十八届三中全会通过《关于全面深化改革若干重大问题的决定》，提出“市场在资源配置中起决定性作用和更好发挥政府作用”，成为市场体系建设的重要突破。这一阶段对市场体系建设的认识和举措包括：一是明确提出市场在资源配置中起决定性作用。体现出对市场机制作用认识的进一步深化，确切和鲜明地反映市场机制对资源配置的核心作用和战略定位（张卓元、房汉廷、程锦锥，2017），符合市场经济发展基本规律的内在要求。二是更好地发挥政府作用。从搞好宏观调控、加强市场监管、做好公共服务、完善社会治理和保护生态环境五方面明确政府在加强现代化市场体系中的职能。三是通过深化价格改革推进市场体系建设。主要表现在商品和服务价格陆续放开，中央政府管理的近 60 项商品和服务价格已下放或放开（艾佳，2015）；一些重要领域如电力、成品油和天然气等价格市场化程度显

著提高（胡祖才，2017）。

（二）我国建设现代化市场体系的经验总结

1. 通过商事制度改革推进市场统一性

统一性原则贯穿现代化市场体系的始终，并呈现逐步深化的特征。2001 年我国加入 WTO 后，市场统一性建设迈上一个新台阶。党的十八届三中全会后，市场统一性建设进一步提升，而有学者认为，统一性建设的核心是商事制度改革。

商事制度改革是我国市场体系统一性建设的重要举措，其发挥了三方面的重要作用：一是放宽市场准入，初期创业成本大幅度降低。改革红利持续释放。“先照后证”的普遍推行，注册资本“认缴制”的实行，使商事主体特别是新办的商事主体（创业者）可以更方便、快捷地创办企业。二是强化部门职责，后续监管自然到位。按照“谁审批谁监管”的原则，明确各许可监管部门职责，事项由重复审批向重监管转变，提升了市场体系的监管效率。三是加强信用监管，社会诚信意识得到提高。商事主体信用信息是社会诚信体系建设不可或缺的组成部分（房汉廷、张磊，2015），通过信用体系建设可以有效完善和健全市场体系。

2. 通过完善竞争政策提高市场竞争性

竞争机制是市场体系完善的重要内容和改革主线之一，部分学者对竞争机制的演化路径和对我国现代化市场体系建设的作用进行了概括。

张卓元、房汉廷、程锦锥（2017）指出，1978 年底实行改革开放后，就开始引入竞争机制搞活经济，竞争不再被认为是异己的东西。1992 年确立社会主义市场经济体制改革目标后，竞争逐渐成为社会经济活动的内在机制。2015 年《中共中央国务院关于推进价格机制改革的若干意见》发布，在党的文件中第一次明确提出，“逐步确立竞争政策的基础性地位”。形成公平竞争的环境、确立竞争政策的基础性地位，是建设统一开放、竞争有序的市场体系，建立和完善社会主义市场经济体制的重要内容。

不少学者也总结了竞争性市场体系建设的主要经验。一是进行理论探讨，为保护竞争机制提供理论依据。孙尚清、陈吉元、张耳（1979）提出中国社会主义经济是计划经济和商品经济的统一，在社会主义经济中，价值规律起调节作用，竞争是其内在机制。二是在政策实践中逐步完善制度框架。1980 年国务院制定的《关于开展和保护社会主义竞争的暂行规定》指出，对开展和保护社会主义竞争的必要性、打破地区封锁和行业垄断、采取合法手段进行竞争等作出原则性规定，正式提出了“竞争”概念。1993 年又实施了反不正当竞争法，初步确立了社会主义市场经济中竞争的制度框架。2007 年，正式颁布反垄断法，确立了竞争政策的核心内容（张卓元、房汉廷、程锦锥，2017）。2016 年印发了《关于在市场体系建设中建立公平竞争审查制度的意见》，规制行政垄断，对市场体系竞争性的建设具有里程碑式的意义。三是把握节奏和力度，稳步推进市场竞争机制建设。我国市场机制的建设分为引入市场机制、扩展市场机制和着力完善公平竞争现代市场体系三个阶段（张卓元、房汉廷、程锦锥，2017）。第一个阶段从小商品和农副产品开始，逐步放开价格，引入市场竞争机制，使我国多年来僵化半僵化的经济开始在一些领域活跃起来（孙尚清、陈吉元、张耳，1979）。第二阶段市场化改革迅速推进，市场竞争机制建设从理论到实践、从立法到政策，都不断扩展深化（魏礼群，2008）。第三阶段逐步确立竞争政策的基础性地位，建设公平竞争的现代市场体系迈向新台阶（吴敬琏，2016）。

3. 通过价格改革提升市场的运行效率

有效性原则要求市场体系是具有效率的，能够有效发挥价格的调节作用，在长期实现供给和需求的有效对接。而价格改革的大步推进，对市场体系有序性建设起到了关键作用。

学者们总结了价格改革在提高市场体系有序性方面的主要作用。一是价格改革方向明确，成为改革的重要突破口，是经济市场化程度迅速提高的重要原因。由于大步推进价格改革，在 1992 年确立社会主义市场经济体制改革目标时，已经率先在实物商品和服务价格方面实现从政府定价到市场价格机制的转轨（成致平，2006），从狭义的价格改革扩展到包括生产要素的广义价格改革（张卓元，2017），使依靠市场优化资源配置成为现实的经济过程。二是采用“摸着石头过河”的渐进方式，避免了恶性通货膨胀等一系列问题。张卓元、房汉廷、程锦锥（2017）提出我国采取了先调后放的方式，逐步解决我国价格关系严重扭曲问题，防止了价格一次性放开带来的恶性通货膨胀和人民生活水平大幅下降的问题出现，保持物价大体稳定下推进价格改革。三是抓住了理顺价格关系和稳定物价这一关键。张卓元、房汉廷、程锦锥（2017）提出价格改革的难点在于，既要通过体制转型理顺价格关系，又要稳定物价水平，这是我国推进价格改革的最主要经验，对我国市场体系有序性建设的贡献较大。

4. 着力提高开放性以完善市场体系建设

开放性是社会主义市场经济的又一核心要义，它要求市场体系建设围绕国内和国际两个市场，逐步实现我国经济与世界经济的接轨，深度推进我国经济与世界经济的一体化。

推进市场体系开放性建设的主要方向是构建和发展与国际规则相容的现

代化市场体系。一是加强我国法制体系的建设，有力地提升了法治意识和法治水平。比如，2014 年发布的《国务院办公厅关于进一步加强贸易政策合规工作的通知》，建立了贸易政策合规工作机制，明确规定对任何贸易政策的制定都要进行 WTO 规则的合规性评估，以此确保国内政策和 WTO 规则的一致性（盛思鑫，2018）。二是中国将继续加强同国际经贸规则对接，增强透明度，继续强化对产权和知识产权的保护，坚持依法办事，鼓励竞争、反对垄断，并以 2018 年 11 月在上海举办的首届中国国际进口博览会为契机和重大平台，通过扩大进口主动向国际开放中国市场（张卓元、房汉廷、程锦锥，2017）。三是通过市场准入负面清单制度使市场体系的开放性原则得到了有效提升。改革开放以来相当长一段时间，我国对外投资都采用行政审批制，虽然在保护市场有序开放方面发挥了重要作用，但使市场体系的开放性受到了较大制约。2013 年我国在上海自贸区对外商投资实施负面清单管理，把项目核准制改为备案制。2015 年又出台了《国务院关于实施市场准入负面清单制度的意见》（国发〔2015〕55 号），这是我国现代市场体系开放性原则的综合体系（张卓元、房汉廷、程锦锥，2017），是现代市场体系建设的里程碑。

（三）对相关研究的评述

以往对我国市场体系的发展阶段和相关经验的研究已经较为充分，但是有关发展评价指标体系、发展路径和相关构成要素的发展状况的研究还相对欠缺。

一是对我国现代市场体系建设进程进行量化的评价指标相对缺乏。从政策研究角度看，要推进现代市场体系建设工作，就必须建立一套行之有效的指标体系或监测指数。但从现有研究成果看，市场体系成熟度层面的评价指标体系与指数较少，仅有的也缺乏针对性，不符合在现代化经济体系建设视角下评价现代市场体系建设进度的要求。因此，下一步要按照纵向可评价和横向可比较的原则，根据研究和设定的基本理论框架，借鉴现有相关成果的框架与方法，构建我国现代市场体系建设进程的量化评价体系，编制市场体系成熟度指数，并对比我国不同区域市场体系成熟度指数演进情况，为监测和评价我国现代市场体系建设的进程提供量化基准。

二是在总结我国现代化市场体系建设经验的基础上对相应发展路径和主线的提炼不够。目前大多数研究都停留在市场体系的经验总结上，但对于其背后贯穿的改革主线和发展路径没有进行系统梳理，没有总结出市场化改革的中国模式。下一步要通过对市场体系建设发展路径的总结，进一步厘清发展与改革、政府与市场、监管与调控等重大关系，进而提出市场监管、政府作用、社会治理等方面的重点任务与政策建议，为今后的改革提供有益参考。

三是针对我国现代市场体系构成要素发展状况的研究相对较少。现代市场是一个有机的体系，应针对我国市场主体、客体和平台的基本情况，提出我国现代市场体系的基本构成及其关联方，研究微观主体、客体和平台的发育状况和程度，能够围绕提升微观主体活力，提出相关思路和重点任务。

三、重点领域推进现代市场体系建设的主要做法

（一）通过改革逐步确立国企、民企、外企等市场主体地位

市场主体是市场经济运行的基础，是市场体系的核心。市场主体是指具有独立产权，自主进行经济活动，承担相应责任，具有自身经济利益的法人和自然人。从广义上讲，与市场活动有关的政府、各类企业和自然人都是市场主体。狭义的市场主体主要包括各种从事生产经营活动的企业（潘文灿、李伟，2008）。著名经济学家马洪主编的《中国改革全书（1978—1991）》直

接把市场主体定义为“具有独立的产权资格，依法成立并实行独立经营、自负盈亏的企业组织和经营者”。政府在培育市场主体方面的主要做法也集中在企业领域。

国有企业是国民经济发展的中坚力量，是中国特色社会主义的支柱。改革开放初期，政府通过给予国有企业生产经营、产品供销、机构设置、职工录用、资金运用以及拒绝摊派等十个方面的自主权，逐步扩大国有企业自主经营权（刘发成，2008）。此后，国企改革的重点逐步转向两权分离，并实施了以包上缴国家利润、包完成技术改造任务、包固定资产增值、工资总额与经济效益挂钩为主要内容的承包责任制（李晓西，2008）。20世纪80年代，中央还通过推进利改税，建立企业法人制度等，正式确立了国有企业法人地位。党的十四届三中全会正式提出了建立产权清晰、权责明确、政企分开、管理科学的现代企业制度这一改革目标。同期，还通过股份制试点探索国有企业的制度创新（王莹，2017）。2000年以后，通过进一步推进产权制度改革，建立国有资产的出资人制度，国有企业的市场主体地位进一步确立。党的十八届三中全会以后，通过推进混合所有制改革，国有企业作为市场主体的活力被进一步激发。

改革开放以来，以私营企业和个体工商户为代表的非公经济从小到大、从弱到强，逐渐成为不可或缺的市场主体。在促进非公经济发展方面，不同的阶段有不同的政策措施。改革开放之初，随着“先富论”的提出，个体经济发展具备了良好的舆论基础（江良高、葛鸣珏，2008）。1981年，国务院发布文件提出发挥个体经营对公有制经济“拾遗补阙的作用”。20世纪90年代，党中央对个体私营经济的理论和政策又进入了一个新阶段，非公经济在政策支持下蓬勃发展。2003年，党的十六届三中全会决定，放宽市场准入、允许非公有资本进入法律法规未禁入的基础设施、公用事业及其他行业和领域，非公有制企业在投融资、税收、土地使用和对外贸易等方面与其他企业享受同等待遇等一系列支持政策（张亮，2009）。2005 年和 2010 年，国务院先后颁布“非公经济 36 条”和“非公经济新 36 条”，进一步鼓励和支持非公经济发展。党的十八届三中全会以来，中央从充分激发企业家精神、完善和落实产权保护制度、构建新型政商关系等多个方面出台政策支持非公有制经济发展。

积极吸收利用外国资金和先进技术是我国改革开放以来长期实施的一项基本政策。随着利用外资政策的发展变化，外资企业也逐渐成为我国市场体系中的重要市场主体。1979 年 7 月、1986 年 4 月、1988 年 4 月、1994 年 3 月我国政府分别颁布了“外资三法”和台湾同胞投资保护法。1979 年 8 月，国务院设立外国投资管理委员会。20 世纪 80 年代，外资政策以优惠政策为主，且优惠水平比较高（吴艳彦、赵国杰、丁志卿，2008），相关优惠政策包括税收减免、进出口自营权、报关权等。20 世纪 90 年代，降低了对外资的绝对优惠水平，逐步取消了一些外商投资企业所享有的“超国民待遇”和“普适性”的优惠政策。加入 WTO 以后，我国遵循 WTO 章程以及入世承诺，对外商投资政策进行了较大调整。2007 年将内外资企业所得税征收工作合并于同一平台。党的十八大以来，我国外资管理体制发生根本变化，凡不涉及准入特别管理措施的外资企业，设立及变更的事项由审批改为备案管理，同时通过自贸区改革试点创新外资利用方式。外资企业在我国改革开放进程中发挥了重要作用，但也存在产业和区域分布不合理、破坏公平竞争秩序等问题，未来需通过多种手段进一步引导外资企业良性发展。

（二）通过多种方式持续推进各类生产要素市场化进程

生产要素市场是使商品生产顺利实现所需各种生产要素的市场关系的总

和，它包括资金市场、技术市场、信息市场、劳动力市场、房地产市场等。以下重点就资金市场、技术市场和劳动力市场的发展和改革举措进行综述。

资金市场方面，早在1980年厉以宁教授就积极倡导推行股份制改革，1983年我国第一家股份制企业成立。此后，我国在股份制试点的基础上，逐步扩大股票发行的规模和范围，揭开了中国资本市场发展的序幕。20世纪90年代，我国逐步从建设交易平台、完善交易制度、设立监管机构和建立规则体系与监管体系等方面建立起了资金市场的制度基础。1999年证券法颁布实施，标志着中国资本市场正式步入法制化、规范化发展轨道（王国刚，2015）。此后，又通过股权分置改革、推进利率市场化改革、推动资本市场双向开放、优化融资结构等方式不断完善资金市场。

技术市场方面，在改革开放进程中，我国坚持“放开、搞活、扶植、引导”的方针，顺应技术市场的发展规律和发展水平，在政策法规环境、组织制度、管理体系、运行方式、服务体系等方面进行了一系列改革。法律制度方面，科技进步法、合同法、专利法等法律法规的颁布实施和调整保障了技术市场规范运行。市场建设方面，以北京、上海、深圳等技术商品、技术信息资源相对集中的中心城市为核心，逐步形成了十多个区域性骨干常设技术交易市场。管理体制方面，1985年国务院批准成立了由国家科委、科学院、财政部、工商局、税务局等组成的“全国技术市场协调指导小组”，引导全国技术市场的建设。1986年成立中国技术市场管理促进中心。相关工作有力地促进了技术市场发展，推动了科技与经济发展的融合（陈晴，2009）。

劳动力市场方面，改革开放以来我国的劳动力市场政策发生了很大变化。1980年提出了“在国家统筹规划和指导下，实行劳动部门介绍就业，自愿组织起来就业和自谋职业相结合”的就业方针；1981年提出了国营企业要实行合同工、临时工、固定工等多种形式的用工制度，逐步做到人员能进能出；

1983 年进一步放宽对集体经济、合作经营以及个体经济的限制。随着“国家宏观调控，企业自主用工，多种形式并存，全员劳动合同”的新型劳动用工制度基本形成，我国劳动力市场灵活性不断提高（潘泰萍，2012）。此后，为适应国有企业减员增效、高等院校扩招、农民工规模不断增长等新形势变化，陆续出台了下岗再就业政策、高校毕业生就业政策以及农民工就业政策。相关政策保证了我国劳动力市场基本稳定和就业持续增长，为经济持续增长奠定了基础。

（三）结合时代特征不断完善市场运行机制与基础制度

在完善市场竞争规则方面，改革开放初期，随着我国思想逐步解放，中央也逐步形成了竞争有利于经济发展的思想和政策导向。通过一系列改革为市场竞争创造了条件，包括逐步培育合格的市场主体，通过价格、流通体制等重点领域改革创造“供求决定价格、价格影响供求”的市场条件。在此基础上，有关部门通过出台法律法规和政策，在特定领域对当时严重制约改革进程、影响经济发展的一些垄断和不正当竞争行为进行限制和约束。20 世纪 90 年代，在建立统一开放竞争有序市场体系这一目标导向之下，以立法为手段，辅之以行政命令和专项政策，从综合层面的反不正当竞争和反垄断出发，结合消费者保护、反价格垄断、反串通投标、反区域封锁和行业垄断等具体领域的政策，多角度、多层次对各种破坏竞争的行为进行了限制。2008 年，《中华人民共和国反垄断法》的出台，使我国第一次有了一部与国际通行规则接轨的竞争法。此后，我国明确了加快确立竞争政策基础性地位的目标，竞争政策在政策制定方面更加精细化，在竞争执法方面更加规范化，在政策实施方面更加透明化，我国逐渐确立了一个从政策制定、行政执法、竞争倡导更加完善的竞争政策体系。

近年来，我国商事制度改革加快推进。通过政府部门自我革命、主动放权，改革审批制度，减少行政审批，转变政府职能，降低市场主体准入门槛；通过改革试点，积极推动传统登记方式改革，推进工商注册制度便利化；通过修订法律法规，完善顶层设计，强化改革的制度基础；通过创新监管理念，加强事中事后监管，做到宽进严管相结合。在具体举措上，实施了先证后照、先照后证、三证合一、一照一码、证照分离等政策，以及“最多跑一次”等改革举措，有力地激发了市场活力及潜力（张茅，2015、2017）。

价格改革是市场发育和经济体制改革的关键。我国通过持续的价格改革逐步形成了市场决定价格的机制。改革开放初期，主要是理顺中央与地方、地方之间、行业之间、不同产品之间的价格关系，使产品价格反映产品价值与供求关系，初期主要依靠建立合理的政府定价制度，此后逐步依靠放开价格、引入市场机制。1990年前后，针对出现的价格水平快速上涨的情况，中央决定进行治理整顿，有效稳定了物价。20世纪90年代，中央逐步破除旧体制藩篱，并建立新体制框架，到90年代末竞争性行业的价格基本由市场形成。进入21世纪，垄断行业、公用事业、资源性产品价格改革持续推进（王学庆、杨娟，2008）。党的十八大以后新一轮价格改革深入推进，目前绝大部分商品和服务价格由市场决定。在价格改革过程中，还通过建立粮食和石油等重要商品国家储备制度、粮食风险基金制度以及副食品价格调节基金制度，有效防止市场价格剧烈波动（邹向群，2008）。

产权制度改革又被称为所有制改革，指我国经济市场化道路上对所有制具体实现形式进行的改革。产权制度改革主要涉及土地产权制度改革、国有企业产权改革、民营企业产权保护等重点领域，相关领域的政策演进在国有企业、土地市场等部分进行了综述。随着近年来我国改革进一步深化，产权保护的问题受到了更多重视，2016 年，中共中央、国务院发布《中共中央国务院关于完善产权保护制度依法保护产权的意见》，提出“产权制度是社会主义市场经济的基石，保护产权是坚持社会主义基本经济制度的必然要求”。在具体措施方面，有关部门也着力打击利用公权力侵害私有产权、违法查封扣押冻结民营企业财产等现象，不断加强知识产权保护。

除了上述举措之外，我国还在市场监管、放宽市场准入、完善退出机制、优化营商环境等方面推出了一系列措施，取得了显著成效。

（四）小结

现有文献对政府政策如何培育市场主体、建设重点市场、完善市场机制以及保障市场运行的基本制度进行了深入研究，相关研究涵盖了市场体系的各个方面，极大地丰富了市场体系相关理论。结合新时代、新形势，要加快现代市场体系建设，有以下几个方面的研究尚待加强：一是梳理党的十八大以来，尤其是党的十八届三中全会以来，为发挥市场决定性作用，我国在市场主体、商品和要素市场、体制机制与基本制度方面推出的一系列旨在完善市场体系的重大举措，厘清主要政策举措之间的逻辑关系。二是从经济学基本理论出发，明确建设现代市场体系的理论基础，明确新时代各领域改革的重要性和重要举措的优先顺序，提出保障改革顺利进行的配套措施。三是总结改革开放四十余年来重要领域改革的经验教训，以及发达国家在相应发展阶段建设市场体系的主要做法，为下一阶段建设现代市场体系的重点工作提供借鉴。四是在现代化经济体系的顶层设计下，结合供给侧结构性改革的要求，以及防范化解重大风险、污染防治攻坚战的具体任务，明确现代市场体系建设对实现相关目标的支撑作用。

四、我国现代市场体系建设的主要问题和重点难点

(一)健全现代市场体系面临的问题

我国提出了健全统一、开放、竞争、有序的现代市场体系的要求。但从市场发育程度来看，我国距离现代化市场体系的建设要求仍存在一定差距，主要问题集中在以下几方面。

1. 要素市场发展滞后成为市场体系发展的桎梏

各种要素市场及其组成的要素市场体系，是社会主义市场体系框架最重要的组成部分。然而，我国各类市场的发育程度很不平衡，商品市场发育力度较大，发展比较充分，而要素市场仍在发育初期，处于滞后状态(张卓元、房汉廷、程锦锥，2017)。特别是作为要素市场三大支柱的金融市场、劳动力市场和房地产市场发育滞缓问题相当突出。

一是我国劳动力市场发展不平衡。陈乐一(2001)指出体制内和体制外劳动力市场在不同的轨道上运行。在城镇和农村体制外就业的劳动力已高度市场化，而在城镇体制内就业的劳动力市场化程度则明显偏低。体制内就业的劳动力价格仍主要由政府决定，不能灵敏地反映劳动力供求关系，劳动力自由流动程度偏低。

二是我国资本市场结构失衡。由于发展滞后，资本市场已成为经济发展的桎梏(陈乐一，2001)。一方面，间接融资市场不完善。金融机构特别是国有银行的贷款定价普遍缺乏商业化模式；国有企业和私营企业获得贷款的难易程度相差较大；政府承担了过多应由市场主体担负的金融风险偿付责任(倪铮，2007)。另一方面，直接融资市场结构失衡、股市投机严重。具体表

现为股权市场与债权市场结构失衡，前者规模太小，后者规模较大；债权市场自身失衡，国债市场相对发达，企业债券市场和金融债券市场发育滞后；股票市场未能有效发挥融资功能，散户股民对上市企业不能进行有效监督，某些基金利用资金优势坐庄操纵股市。研究认为，造成这一现象的原因在于上市的国有企业缺乏自生能力，普遍不能获得正常利润，母公司视上市公司为融资手段，不愿向股民分配红利，使得股票投资者只能从股票价格上涨和短期投机中获得收益（林毅夫、李志赟，2004）。

三是我国土地市场建设仍然滞后。城市土地市场已形成包括一级市场和二级市场在内的市场体系。研究发现，目前在不改变土地用途（如不得非农化）的前提下，农户之间，农户与农村集体之间，农户、农村集体分别与外地农民或城镇居民之间的土地使用权有偿转让比较活跃；一些农村集体所有土地以租赁、抵押、入股、出让等方式进入一级或二级土地市场（闵耀良，2001）。但是，目前的土地所有权只存在由农民集体向国家（政府）的单向、行政强制、非市场的转移（许经勇，2008）。

2. 区域分割较严重阻碍市场体系的统一性建设进程

研究普遍认为我国存在明显的区域市场分割现象。分行业看我国存在区域商品市场分割的状态。一是市场发育程度存在明显的分化趋势。从区域角度看，三大经济区域中，京津冀地区的市场整合程度要高于其他两个地区，珠三角在三大经济区域中的市场整合程度最低（周立群等，2009）。二是区域封锁政策成为全国统一市场建设的主要障碍。在地方公共资源配置和公共项目招投标过程中，存在与当地企业合谋串标、设计外来企业陪标及设置各式排他性门槛等暗箱操作行为（臧跃茹、郭丽岩，2017）。此外，还存在以拉郎配手段，强迫某企业加入某集团，或指定经济效益好的集团接管效益不佳的僵尸企业的情况。

3. 市场规则不健全使市场体系存在无序竞争的现象

市场运行规则不健全，造成经济运行无序竞争。典型的表现是市场运行机制不健全，市场运行不规范。一是交易规则不健全，导致市场竞争和市场交易的物质基础具有非规范性（綦海平，2014）。二是市场行为规则不健全，市场主体的行为具有非规范性，特别是国有大中型企业尚未成为产权关系清晰、责权利分明的市场主体，使其行为具有非市场化性。三是由于在经济转型中，与信用关系和契约关系相对应的各项制度安排没有建立起来，形成了信用制度的缺失。而信用制度的缺失，造成信用环境的恶化，增大了市场交易成本，制约了有序的市场体系的形成。规则不健全必然导致秩序混乱，限制了竞争（郭俊华、任保平，2007）。

4. 市场结构高度集中成为提升市场效率的障碍之一

对市场结构优劣的评判主要是基于对市场结构产生的市场效率的判断。我国市场结构仍然存在高度集中的问题，会衍生出各种垄断从而降低市场的运行效率。一是垄断致使市场准入壁垒"虚低实高"等问题。政府屡次重申的非禁即入原则在实践中遇到一定阻力，特别是自然垄断、经济性垄断和行政垄断交织在一起，社会资本尤其是民营企业仍存在"玻璃门""弹簧门""铁丝网"等隐性体制机制壁垒，部分行业民间投资者容易陷入"进无预期、行有阻碍、退无出路"的现实困境（臧跃茹、郭丽岩，2017）。二是各种形式的行政垄断给有序竞争带来负面效应（于良春、张伟，2010）。我国现有的市场竞争限制和进入壁垒更多地源于行政权力，而不是经济性因素，地方政府和主管部门运用行政力量形成了一定程度的地区垄断和部门垄断（俞亚丽、陈秀山，1997）。这种行政性垄断广泛存在于我国各行业的市场结构中，对我国提升企业竞争力、形成有序的竞争环境产生不利的影响

（魏后凯，2003）。

5. 外部环境与市场体系发育不一致降低市场统一性

外部环境与市场体系的发育不协调，阻碍了市场体系的统一性。郭俊华（2007）指出由于我国经济社会发展滞后，致使现代市场体系正常发育所需要的外部环境并不完全具备，如国家宏观调控体系不完善、社会保障制度不健全、社会化服务体系和法律法规不健全、行政机构体制与市场体系的发育不配套。这些与市场体系发育不协调的市场环境，严重制约了我国市场体系的统一性建设进程。

（二）健全现代市场体系的重点和难点

1. 国有企业相关改革未到位

由于目前我国国有企业的改革尚未到位，由此导致了市场运行的微观主体和调控主体行为不规范（张军果、刘振华、张均良，2006）。在市场经济条件下，国有企业的改革面临着攻坚，怎样使之真正摆脱对政府的依赖，成为名副其实的市场微观主体，公平合理地参与市场竞争，目前仍是改革的难题（于良春、张伟，2010）。

2. 财政和价格体系尚未理顺

由于财政和价格体系的不合理所导致的部分分配机制扭曲问题，目前在我国还比较突出。改革之初，在较长时间内我国实行的是“财政包干、分灶吃饭”的财政体制（张军果、刘振华、张均良，2006）。近年来，虽然财政体制有了新的改进，但还没有从根本上解决上述问题。另外，原材料和初级加工品与加工制成品之间存在的不合理比价关系，也刺激了原材料产地封锁市场，大搞本地资源就地加工、增加产品附加价值的行为（郭俊华，2007）。因此，在市场分割和封锁的表象背后存在着深刻的体制性原因。

3. 市场调控机制尚不健全

在价格机制的作用方面，当价格的市场形成机制初步确立之后，适应这一新机制的市场物价调控机制尚不健全，价格风险基金和主要商品物资储备制度尚未建立，各类行业自律机构缺位，导致对市场价格的管理、调控能力较弱，各种价格倾销、价格大战等恶性竞争问题屡禁不止。同时也导致我国对外开放的风险承受能力不强（张卓元、房汉廷、程锦锥，2017）。

4. 法制体系建设进程滞后

社会主义市场经济是法制经济，但是由于我国立法建设未能及时跟上，使一些市场行为处于无法可依的状态。确保市场体系健康发展的相关法律法规，要么尚未及时出台，要么即使出台了，由于缺乏严格有效的执法机制，使这些法律法规不能得到很好的贯彻落实（柳思维，2007）。加之对市场体系还缺乏一套有效的监管机制，在市场准入和市场行为方面缺乏应有的约束，因而导致了市场秩序在某些领域的混乱（张卓元、房汉廷、程锦锥，2017）。

（三）小结

已有研究在劳动力市场、资本市场、土地市场等分领域问题的梳理已经较为充分。但纵观已有研究，还存在以下不足。

一是对市场体系的系统性研究不足。市场体系的各部分是相互关联的有机整体，但在问题梳理中缺乏系统性研究，对市场体系整体概念和框架下存在的内在矛盾和问题梳理不够，分散的、局部性的研究会造成“只见树木、不见森林”的问题。

二是对现代化经济体系背景下市场体系建设难点和重点的研究不够。市场体系是现代化经济体系的有机组成和重要支撑，对市场体系问题的研究要立足于现代经济体系的特征与趋势。但目前对现代化经济体系背景下，市场体系存在的新问题研究不足，无法梳理清楚其内在联系和作用机理。应结合现代化经济体系特征，进一步梳理市场体系存在的根源问题和体制障碍，才能明确建设和健全现代市场体系的要求、任务及着力点。

三是对于市场体系建设需要的制度和政策体系研究不够。由于市场体系的各部分是相互关联的有机整体，对建立和健全现代化市场体系也需要全局性的顶层设计。而目前提出的问题大多是针对局部问题的，缺乏对市场体系建设所需的制度和政策的系统分析，对下一步制定系统全局性的政策建议缺乏参考意义。因此，要进一步梳理提炼市场体系中存在的共性问题和系统障碍，才能提出建立和健全现代化市场体系总体思路和原则、制度和政策体系、时间表和路线图。

五、建设和健全现代市场体系的对策

（一）以提升市场活力为目标完善市场微观构成要素

为使市场主体的类型具有法定性、多样性、规范性、灵活性和一致性，王利明（2014）建议市场主体基本制度改革应当完善相应的配套措施；应建立统一的市场主体登记制度和信息共享平台；在市场准入方面，应采取负面清单管理模式，并与政府职权法定原则相配套；同时，应促进破产法的有效实施，完善市场主体的退出制度。

关于国有企业改革，中央提出要以混合所有制改革为突破口推进国企改革。臧跃茹等（2016）提出应在明确混合所有制经济实现范围、提高国有资本集中度和配置效率基础上，丰富混合所有制改革实践成果，探索“金股”、优先股等创新实现方式，鼓励非公有资本进入基础设施和公用事业等更为广泛的领域，激发市场主体的活力和创造力。还有一些研究提出应通过推进国有企业的分类改革战略，重构与混合所有制相适应的国有资产管理与经营体制，探索国有资本有序退出的路径，优化混合所有制企业的治理结构，建立职业经理人制度等方面完善国有企业（杨瑞龙，2014；黄群慧、王佳宁，2017）。

关于民营企业高质量发展，一些研究结合创新驱动发展战略和供给侧结构性改革的要求提出了促进民营企业发展的对策。李政和任妍（2015）认为，民营企业要把自主创新作为赢得竞争优势的根本途径，既着眼于解决制约经济发展的一些重大科技问题，形成一批具有自主知识产权的关键技术和产品，也要致力于改善人民生活水平。刘迎秋（2016）认为应充分利用国家优惠政策，实现企业经济技术的转型升级，要积极运用资本运营等手段参与混合所有制改革。

关于外资企业，为加大吸引外资力度、引导在华外资企业健康发展，提出应深入推进重点服务业的有序开放，创新招商引资方式，放宽外资并购内资企业的产业政策，合理构建适合我国开放水平的外资准入负面清单，由重视准入审批转变为加强准入后的行政管理，以营造投资者平等准入的市场环境、实现投资便利化为核心，改善投资软环境，同时在发挥外资效益的同时保证我国的产业安全（郝洁，2014；林发勤、冯帆、宋羽齐，2017）。

此外，还有一些研究从促进市场中介机构发展、建设市场交易平台、规范和改革行业协会等方面提出了建议。

（二）以加快市场化进程为抓手推进要素市场建设和改革

深化资本市场改革方面，黄志龙（2014）提出了几个方面的改革目标，包括打破上市公司对中小投资者长期低回报的现状，改变中小投资者长期处于信息不对称的弱势地位，改变中小投资者利益受侵害时维权成本高、维权机制缺位的状况。具体举措方面，一些研究提出要通过提高上市公司分红水平、降低市场交易成本、改革税收制度、抑制投机炒作、鼓励长期投资等几个方面强化市场投资功能；从加强交易所市场建设、探索发展多层次股权柜台交易市场、扩大债券市场规模等方面构建与实体经济相适应的多层次、多品种资本市场体系；从推进注册制、建立有效的市场运行和监督机制、加强证券法制建设等几个方面完善市场运行机制；从完善上市企业法人治理结构、鼓励中介机构发展、加强交易所行业自律、提高机构投资者比重等方面加强市场主体建设；要推动养老金改革与资本市场发展良性互动（刘克崮、王瑛、李敏波，2013；祁斌，2014）。

劳动力市场方面，在全球化背景下，随着经济发展水平提升，我国经济结构和劳动力市场出现了一些新特征，就业结构在中等收入阶段也有一些新变化，进一步提高劳动力配置效率也要求进一步深化改革。因此，必须彻底地推进户籍制度改革，消除劳动力市场的歧视问题；加快完善并统一基本养老制度、基本医疗制度和其他基本的社会保障制度与公共服务；进一步完善劳动力市场制度，让企业成为雇佣决策和工资决定的基本单位；同时要打破垄断，加快企业的微观机制改革，为劳动力跨部门、跨所有制的流动创造条件，减少劳动力市场扭曲；完善集体协商制度，优化工资价格形成机制（李实、万海远，2014；肖巍、钱箭星，2015；都阳，2016；易定红，2016）。

技术市场方面，一些学者建议应从多方面着手完善体制机制，包括完善企业技术经营机制、健全风险融资机制、完善政府调控的激励和保障机制、完善技术评估与咨询机制、建立面向市场的全方面服务模式（蒋芬，2016），从多个层次完善政策体系，包括完善技术市场相关的政策法规、落实技术市场税收优惠政策、建立健全信息平台组织管理体系、规范技术市场统计工作、加强技术市场监管管理等（雷光继、林耕，2013），还有研究从加强知识产权保护、推动科技成果转化、保障国家技术安全、建立技术市场服务标准体系、规范和促进技术交易中介体系建设等方面提出了建议（毕娟，2013；毛国锋、张楚信等，2017）。

土地市场方面，陈锡文（2014）针对农村土地制度改革的重要性，提出必须坚持按照守住底线、试点先行的原则，谋定而后动。在具体举措上，应改革权利不平等的二元土地所有制结构、建立城乡统一的建设用地市场、切实推进征地制度改革、完善宅基地制度、建立公平共享的土地增值收益分配制度、推进城乡接合部地区的土地制度创新，还应加大建设用地供应、改变供地方式、允许地方发行市政债以改变土地财政、征收房地产税、提高农地和城市建设用地使用效率、保障失地农民利益（中国金融 40 人论坛课题组、蔡洪滨等，2013；刘守英，2014）。

（三）以强化监管和促进竞争为重点健全市场运行机制

市场监管方面，一些学者提出为实现我国的监管现代化，应建立专业、权威、独立的监管机构，提升监管独立性，确保监管决策不受其他政府部门和不同利益群体干涉和影响。不断提升监管机构职能的完备性，尽可能把具有关联关系的监管职能归于同一监管部门之下，避免政出多门。进一步完善监管规则，提高监管程序的透明度，形成可预见、透明、可问责的监管规则，使监管对象和公众对监管政策形成合理预期。提高公众对监管政策的参与度，形成政府、社会组织、专家和公众多元共治的监管体系（刘树杰，2011；高世楫、李佐军、陈健鹏，2013；杨娟，2017）。

完善竞争机制方面，要进一步强化竞争政策基础性地位，逐步形成“竞争统帅、公平为本、效率为先”的经济政策环境。重点是加强竞争政策与产业政策、投资政策、规制政策的协调，不断提升竞争政策在经济政策体系中的地位。进一步完善竞争政策执法机构，建立统一、独立、专业、权威的竞争政策实施部门，降低反垄断执法部门分散执法带来的协调成本。加快反垄断方面的补充立法，针对垄断行为多发的行业，针对知识产权等特定问题，针对网络经济、平台经济、共享经济等新经济形态，结合反垄断工作推进的实际，制订完善相应的反垄断工作指南。进一步推动反垄断执法常态化，以执法推动普法。加强竞争倡导，强化政府、企业和公众的公平竞争意识，倡导公平竞争观念，培育公平竞争文化（于立、刘玉斌，2017；刘志成，2017）。

市场退出机制方面，在实施上要改进落后产能淘汰方式，确保落后产能退出市场，依靠市场力量推动行业兼并重组，建立退出补偿机制，纠正信贷资源错配，加快过剩产能退出，真正实现产业升级。在保障措施方面，要改进财税制度和官员晋升制度，弱化地方政府行政干预动机，完善企业破产法等相关法律制度，并加快社会保障制度建设，消除企业退出后顾之忧（王立国、高越青，2014）。

（四）以深化重点领域改革为突破口夯实市场制度基础

产权改革方面，党的十九大报告提出“经济体制改革必须以完善产权制度和要素市场化配置为重点”。一些研究认为应强化政府有效保护产权的职责，把产权保护作为推进结构性改革和经济发展的重大举措，同时防止政府变为“掠夺之手”；要强调产权保障的公平性，以公平为核心同等保护各类产权，特别是同等、有效地保护非公有产权；形成全社会对公民财产长久受保护的良好预期；要强化对农民土地产权的保护，补强我国产权保护制度的薄弱环节（胡家勇，2014；常修泽，2017）。

商事制度改革近年来已取得较大进展，要进一步激发市场主体活力仍需继续推进。一些研究认为要深入推进工商登记制度改革，营造宽松便捷的准入环境。大力支持小微企业发展，促进大众创业、万众创新。规范商业服务企业发展，培育中介机构。建立透明、安全、便捷的市场退出机制。积极探索新型监管体系，营造公平竞争的市场环境。还应加强队伍建设，为深化商事制度改革提供保障（张茅，2015；刘俊海，2016）。

要素市场化配置方面，要以要素自由流动为重点推动要素市场改革。通过加强政策的合法性审查，打破区域封锁，消除地域歧视，限制各种阻碍要素跨区域流动的政策出台。通过培育更多自主决策、合法竞争的市场主体，不断优化市场结构，规范市场秩序，进而形成充分反映要素稀缺性的价格体系，提升要素配置效率。通过加强资源环境领域的监管，形成矿产资源有偿使用、环境成本合理分担的政策框架，推动资源环境要素的外部性内部化。

改善营商环境方面，要围绕激发企业活力为目标，进一步推进“放管服”改革，强化权力清单制度建设和行政审批标准化建设。通过加强立法修法与行政统筹、经验推广与资金保障、国际对接与人员培训、意见反馈与公众参与，系统提升我国一站式服务水平（张铭慎，2016）。进一步推进商事制度改革，降低开设企业的成本，减少政府对企业行为的不合理约束和限制。形成产权保护严格，契约有效实施，企业诚实守信的营商环境（刘志成，2017）。

此外，还有一些研究从推进“放管服”改革，建立亲清政商关系等方面提出了相应的政策建议。

（五）小结

从现有文献对建设和健全现代市场体系对策的研究看，不同的研究者分别从不同层面、不同领域提出了相关建议，但仍需进一步加强以下几个方面的工作。一是应将现代市场体系置于现代化经济体系这个总体框架下进行研究，结合党的十九大提出的“两步走”战略目标以及构建现代化经济体系的原则和目标，提出建设现代经济体系的路线图和时间表。二是应结合中央精神，尤其是中央对于建设现代市场体系的新要求，按照统一开放竞争有序等总体目标，对企业、消费者和商品要素等重要主体和重点市场提出相关建议。三是应系统提出建设现代市场体系的指导思想、建设原则、重点任务以及协同推进现代市场体系各个方面工作的具体建议。

执笔：刘志成　王丹　周适

参考文献

[1] AMSDEN A H，KOCHANOWICZ J，TAYLOR L.The Market Meets Its Match：Restructuring the Economies of Eastern Europe [M] . Cambridge，MA：Harvard University Press，1994 .

[2] BRANDT L，TOMBE T，ZHU Xiaodong. Factor market distortions across time，space and sectors in China [J] . Review of Economic Dynamics，2013，16 (1)：39–58.

[3] ESTRIN S，HANOUSEK J，KŎCENDA E，et al. Effects of Privatization and Ownership in Transition Economies [J] . Journal of Economic Literature，2009，47 (3)，699–728.

[4] HEILMANN S. Experimentation under Hierarchy：Policy Experiments in the Reorganization of China's State Sector，1978–2008 [R] . Harvard University Center for International Development Working Paper，Vol.172，2008.

[5] HOLZ，C A. Measuring Chinese Productivity Growth，1952–2005 [M] . Cambridge，MA：MIT Press，2006.

[6] HSIEH C–T，KLENOW P J. Misallocation and Manufacturing TFP in China and India [J] . The Quarterly Journal of Economics，2009，124 (4)：

1403–1448.

[7] JEFFERSON G H, SU Jian . Privatization and restructuring in China: Evidence from shareholding ownership, 1995–2001 [J] . Journal of Comparative Economics, 2005, 34 (1): 146–166.

[8] LAWRENCE L J, QIAN Yingyi, ROLAND G. Reform without Losers: An Interpretation of China's Dual–Track Approach to Transition [J] . Journal of Political Economy, 2000, 108 (1), 120–143.

[9] PERKINS, DWIGHT H. Reforming China's Economic System [J] . Journal of Economic Literature, 1988, 26 (2), 601–645.

[10] XU Chenggang. The Fundamental Institutions of China's Reforms and Development [J] . Journal of Economic Literature, 2011, 49 (4), 1076–1151.

[11] 艾佳 . 近期价格改革攻坚加速落地生根 [EB/OL] . (2015–07–15) [2020–09–28] . http: //politics.people.com.cn/n/2015/0715/c70731–27304984.html.

[12] 北京师范大学经济与资源管理研究院 .2008 中国市场经济发展报告 [M] . 北京：北京师范大学出版社，2008.

[13] 北京师范大学经济与资源管理研究院 .2010 中国市场经济发展报告 [M] . 北京：北京师范大学出版社，2010.

[14] 本书编写组 .《中共中央关于全面深化改革若干重大问题的决定》辅导读本 [M] . 北京：人民出版社，2013.

[15] 本书编写组 . 党的十九大报告辅导读本 [M] . 北京：人民出版社，2017.

[16] 毕吉耀，原倩 . 建设现代化经济体系 [J] . 宏观经济管理，2018 (10): 21–28，35.

[17] 毕娟 . 北京市促进技术市场发展政策分析 [J] . 才智，2013 (25):

242-243.

［18］蔡继明．中国的现代化、城市化与农地制度改革探悉［J］．经济前沿，2005（1）：7-10.

［19］曹凤岐．加强制度建设是提振中国股市的根本［J］．资本市场，2012（3）：20-22.

［20］常修泽．激发和保护企业家精神［N］．人民日报，2017-07-03.

［21］常修泽．中国经济方略的若干调整与产权保护［J］．改革与战略，2017，33（3）：48-52.

［22］车柯蒙．国家知识产权局局长申长雨：四项举措加大知识产权保护力度［EB/OL］．（2018-03-13）［2020-09-01］.http：//ip.people.com.cn/GB/n1/2018/0313/c179663-29865678.html.

［23］陈东琪，李茂生．社会主义市场经济学［M］．长沙：湖南人民出版社，2000.

［24］陈东琪．通向新增长之路：供给侧结构性改革论纲［M］．北京：人民出版社，2017.

［25］陈乐一．中国市场体系的发展现状与构建［J］．山西财经大学学报，2001（1）：18-21.

［26］陈晴．我国技术市场发展历程与展望［J］．科技与法律，2009（1）：8-12.

［27］陈锡文．关于农村土地制度改革的两点思考［J］．经济研究，2014，49（1）：4-6.

［28］陈甬军，等．市场通论［M］．北京：中国人民大学出版社，2006.

［29］陈宗胜，吴浙，谢思全，等．中国经济体制市场化进程研究［M］．上海：上海人民出版社，1999.

［30］成致平．价格改革三十年（1977—2006）［M］．北京：中国市场出

版社，2006.

［31］程恩富，何干强．坚持公有制为主体、多种所有制经济共同发展的基本经济制度［J］．海派经济学，2009（1）：14–23.

［32］程恩富．中国模式的经济体制特征和内涵［J］．经济学动态，2009（12）：50–54.

［33］迟福林．市场决定：十八届三中全会后的改革大考［M］．北京：中国经济出版社，2014.

［34］大连商品交易所研究中心．国内大宗商品市场发展状况研究及对我所的启示（内部资料）［R］.2015.

［35］邓媛雯，印兴．中国每年知识产权纠纷案高达 13 万件九成靠调解完成［EB/OL］.（2017–08–29）［2020–09–20］.http://www.chinanews.com/gn/2017/08–29/8317092.shtml.

［36］董昕．中国房地产业的发展历程与展望：兼论中国住房制度与土地制度的改革变迁［J］．经济研究参考，2017（52）：50–61，70.

［37］都阳．论劳动力市场改革的两个目标［J］．中共中央党校学报，2016，20（5）：102–107.

［38］樊纲，王小鲁，朱恒鹏．中国市场化指数——各地区市场化相对进程 2011 年报告［M］．北京：经济科学出版社，2011.

［39］方新．中国科技体制改革：三十年的变与不变［J］．科学学研究，2012，30（10）：1441–1443.

［40］房汉廷，张磊．加快完善现代市场体系［M］．广州：广东经济版社，2015.

［41］高国力，卞靖，陈曦．深化供给侧结构性改革的着力点［N］．经济日报，2018–11–22（13）.

［42］高世楫，李佐军，陈健鹏．从“多管”走向“严管”：简政放权背

景下环境监管政策建议［J］. 环境保护，2013，41（17）：30–32.

［43］顾海兵 . 中国经济市场化程度的最新估计与预测［J］. 管理世界，1997（2）：53–56.

［44］顾海良，张雷声 . 20 世纪国外马克思主义经济思想史［M］. 北京：经济科学出版社，2006.

［45］规制课题组 . 国家对市场经济的法律规制［M］. 北京：中国法制出版社，2005.

［46］桂琦寒，陈敏，陆铭，等 . 中国国内商品市场趋于分割还是整合：基于相对价格法的分析［J］. 世界经济，2006（2）：20–30.

［47］郭俊华，任保平 . 新型工业化与全国统一大市场的建立［J］. 人文杂志，2007（4）：94–98.

［48］郭俊华 . 我国现代化市场体系的建设与完善［J］. 商业时代，2007（4）：6–7.

［49］国家发展改革委价格司 . 简政放权 创新机制 党的十八大以来价格改革取得新突破［J］. 价格理论与实践，2017（10）：5–8.

［50］国务院国有资产监督管理委员会 . 一张图读懂国企改革这五年［EB/OL］.（2017–09–29）［2021–03–25］.http：//www.sasac.gov.cn/n2588030/n2588924/c7941469/content.html.

［51］国务院研究室编写组 .《政府工作报告》辅导读本：2020［M］. 北京：人民出版社，中国言实出版社，2020.

［52］哈耶克 . 自由秩序原理［M］. 上海：生活 · 读书 · 新知三联书店，1997.

［53］郝洁 . 新时期我国利用外资面临的机遇挑战及对策［J］. 国际贸易，2014（11）：60–63.

［54］胡家勇 . 论完善产权保护制度［J］. 经济学动态，2014（5）：34–41.

［55］胡祖才．纵深推进价格改革 提升价格监管水平 以优异的价格工作实绩迎接党的十九大胜利召开［J］．价格理论与实践，2017（1）：5-11.

［56］胡祖才．《中共中央国务院关于推进价格机制改革的若干意见》学习读本［M］．北京：人民出版社，2016.

［57］怀谷．市场体系问题研究综述［J］．中南财经大学学报，1990（3）：117-124.

［58］黄汉权．建设支撑高质量发展的现代产业体系［N］．经济日报，2018-05-10（14）.

［59］黄群慧，王佳宁．国有企业改革新进展与趋势观察［J］．改革，2017（5）：5-14.

［60］黄群慧．着力建设符合现代化经济体系要求的市场体系［N］．经济日报，2018-07-05（14）.

［61］黄贤金．城乡土地市场一体化对土地利用/覆被变化的影响研究综述［J］．地理科学，2017，37（2）：200-208.

［62］黄益平．中国要素市场改革任重道远［N］．中国县域经济报，2018-01-08（3）.

［63］黄志龙．从三方面改变我国资本市场投资氛围［N］．证券日报，2014-01-02（A03）.

［64］纪宝成，陈甬军．中国统一市场新论［M］．北京：中国人民大学出版社，2007.

［65］贾成义．城市土地产权：封闭住区走向开放的制度研究［J］．经济体制改革，2017（4）：49-55.

［66］蒋芬．我国技术市场发展演变趋势、存在问题及对策建议［J］．科技通报，2016，32（10）：250-254.

［67］江晓薇，宋红旭．中国市场经济度的探索［J］. 管理世界，1995（6）：

33–37.

［68］姜爱林．改革开放以来中国土地政策的发展变迁［J］．中州学刊，2003（5）：48–53.

［69］江良高，葛鸣珏．改革开放三十年来非公经济理论政策的创新与发展［J］．中央社会主义学院学报，2008（5）：8–14.

［70］金碚，刘戒骄．构建现代市场体系有效竞争秩序若干问题探讨［J］．东南学术，2003（5）：59–64.

［71］靳来群，林金忠，丁诗诗．行政垄断对所有制差异所致资源错配的影响［J］．中国工业经济，2015（4）：31–43.

［72］赖德胜．2012 中国劳动力市场报告：高等教育扩展背景下的劳动力市场变革［M］．北京：北京师范大学出版社，2012.

［73］雷光继，林耕．我国技术市场发展面临的机遇、问题和对策研究［J］．科学管理研究，2013，31（5）：5–8.

［74］李国强，马晓白．优化营商环境是促进高质量发展的重要基础［N］．中国经济时报，2018–05–07（5）.

［75］李实，万海远．劳动力市场培育与中等收入陷阱：评《中国劳动力市场发展报告 2011—2013》［J］．经济研究，2014，49（4）：187–191.

［76］李先东，李录堂，米巧．中国土地制度的历史追溯与反思［J］．农业经济问题，2018（4）：43–49.

［77］李晓西．中国市场化改革的推进及其若干思考［J］．改革，2008（4）：5–14.

［78］李政，任妍．“新常态”下民营企业的创新驱动发展战略［J］．理论学刊，2015（10）：32–39.

［79］林发勤，冯帆，宋羽齐．新形势下如何提高我国利用外资水平和质量的对策分析［J］．国际贸易，2017（11）：10–13.

[80] 林辉. 技术产权交易：技术市场与资本市场的制度创新 [J]. 适用技术市场，2001（7）：6–9.

[81] 林毅夫，李志赟. 政策性负担、道德风险与预算软约束 [J]. 经济研究，2004（2）：17–27.

[82] 林兆木. 关于我国经济高质量发展的几点认识 [N]. 人民日报，2018–01–17（7）.

[83] 林兆木，益青. 着力建设创新引领协同发展的产业体系 [N]. 经济日报，2018–03–01（14）.

[84] 刘发成. 改革开放以来国有企业法律主体地位的变化与因应 [J]. 改革，2008（9）：123–128.

[85] 刘俊海. "十三五" 时期商事制度改革重点任务 [J]. 中国市场监管研究，2016（1）：28–30.

[86] 刘克崮，王瑛，李敏波. 深化改革 建设投融资并重的资本市场 [J]. 管理世界，2013（8）：1–5.

[87] 刘泉红，杨志杰. 行政性垄断行为的表现、成因及对策 [J]. 中国物价，2013（12）：31–33.

[88] 刘泉红，刘方. 转变经济发展方式与塑造新型市场主体研究 [J]. 经济与管理研究，2014（6）：18–26.

[89] 刘泉红. 敬畏市场 提升资源配置效率 [J]. 中国经贸导刊，2017（7）：38–39.

[90] 刘泉红. 以企业家精神提升市场活力 [J]. 中国物价，2017（12）：6–8.

[91] 刘泉红. "十四五" 时期我国现代市场体系建设思路和关键举措 [J]. 经济纵横，2020（5）：66–75.

[92] 刘世锦. 供给侧改革的主战场是要素市场改革 [J]. 智慧中国，

2016（9）：4–6.

［93］刘守英 . 中国城乡二元土地制度的特征、问题与改革［J］. 国际经济评论，2014（3）：9–25，4.

［94］刘树杰 . 论现代监管理念与我国监管现代化［J］. 经济纵横，2011（6）：1–7.

［95］刘迎秋 . 供给侧改革与民营企业发展［J］. 中国党政干部论坛，2016（3）：68–72.

［96］刘志成 . 着力构建“三个有”的经济体制［J］. 中国物价，2017（12）：16–18.

［97］柳思维 . 现代市场研究［M］. 北京：中国市场出版社，2007.

［98］隆国强 . 新旧动能转换的意义、机遇和路径［J］. 中国发展观察，2017（21）：28–31.

［99］卢中原，胡鞍钢 . 市场化改革对我国经济运行的影响［J］. 经济研究，1993（12）：49–55.

［100］陆学艺 .“三农”新论：当前中国农业、农村、农民问题研究［M］. 北京：社会科学文献出版社，2005.

［101］陆益龙 . 户口还起作用吗：户籍制度与社会分层和流动［J］. 中国社会科学，2008（1）：149–162，207–208.

［102］马洪，王怀超 . 中国改革全书（1978—1991）：总论卷［M］. 大连：大连出版社，1992.

［103］马晓河 . 促进国民经济可持续发展的宏观经济政策思考［J］. 经济研究参考，2017（60）：17–18.

［104］毛国锋，张楚信，谢平，等 . 促进杭州市“十三五”技术市场发展的建议［J］. 杭州科技，2017（1）：41–46.

［105］孟大虎 . 劳动力市场分割：理论演进及对就业问题的解释［J］. 天

府新论，2005（4）：47–49.

［106］闵耀良 . 农村市场体系建设的回顾与思考［J］. 农业经济问题，2001（6）：18–23.

［107］慕海平 . 国家治理现代化与完善现代市场体系［J］. 行政管理改革，2014（9）：53–55.

［108］穆虹 . 加快完善社会主义市场经济体制［M］// 党的十九大报告辅导读本 . 北京：人民出版社，2017.

［109］倪铮，张春 . 银行监督、企业社会性成本与贷款融资体系［J］. 数量经济技术经济研究，2007（11）：66–76.

［110］宁佰超 . 对我国资本市场发展历程的简要梳理与评价［J］. 产权导刊，2012（10）：36–38.

［111］宁吉喆 . 建设现代化经济体系［M］// 党的十九大报告辅导读本 . 北京：人民出版社，2017.

［112］潘泰萍 . 我国劳动力市场灵活化改革历程及效果分析［J］. 商业时代，2012（13）：8–9.

［113］潘文灿，李伟 . 在商业性矿产勘查中 打造地勘单位市场主体的地位［A］// 中国地质矿产经济学会 . 地勘经济改革发展研讨会会议交流材料，2008：18.

［114］潘文卿，刘亚清，刘庆彬 . 中国区域市场的分割与融合［J］. 兰州大学学报（社会科学版），2011，39（9）：94–103.

［115］祁斌 . 推动养老金改革与资本市场发展的良性互动［J］. 清华金融评论，2014（8）：21–26.

［116］戚聿东，刘泉红，王佳宁 . 垄断行业国企的竞争化改造与国企分类改革趋势［J］. 改革，2017（6）：5–20.

［117］钱颖一 . 市场与法治［J］. 经济社会体制比较，2003（3）：1–11.

［118］青木昌彦，奥野正宽．经济体制的比较制度分析［M］．北京：中国发展出版社，1999.

［119］屈庆，李俊江．地方债与地方政府债务化解［J］．中国金融，2018（8）：59–60.

［120］任兴洲．中国市场体系 30 年：历程、经验与发展［J］．中国发展观察，2008（12）：11–14.

［121］任兴洲，王微，王青，等．国务院发展研究中心研究丛书 2015：建设全国统一市场路径与政策［M］．北京：中国发展出版社，2015.

［122］盛思鑫．积极构建与国际规则相容的现代化市场体系［N］．中国改革报，2018–04–18（3）.

［123］宋涛．政治经济学教程［M］．北京：中国人民大学出版社，2016.

［124］苏丽坤．当好“科技红娘”服务创新发展［J］．科协论坛，2017（3）：15–17.

［125］孙尚清，陈吉元，张耳．论社会主义经济的计划性与市场性相结合的几个理论问题［J］．经济研究，1979（5）：56–67.

［126］孙玉涛，刘凤朝．中国企业技术创新主体地位确立：情境、内涵和政策［J］．科学学研究，2016，34（11）：1716–1724.

［127］谭静，陈盼佳．人口红利转变与中国城乡劳动力市场发展［J］．城乡规划，2018（2）：51–59.

［128］梯若尔．产业组织理论［M］．北京：中国人民大学出版社，2015.

［129］田国强．和谐社会构建与现代市场体系完善［J］．经济研究，2007（3）：130–141.

［130］瓦里安．微观经济学（高级教程）［M］．北京：经济管理出版社，2002.

［131］万军．迈向开放型经济新时代［M］．广州：广东经济出版社，

2015.

[132] 王昌林 . 扎实推进现代化经济体系建设 [J] . 中国经贸导刊（理论版），2018（2）：4–5.

[133] 王海兵，杨蕙馨 . 中国民营经济改革与发展 40 年：回顾与展望 [J] . 经济与管理研究，2018，39（4）：3–14.

[134] 王季林 . 论现代市场体系 [J] . 经济评论，1997（4）：42–45.

[135] 王立国，高越青 . 建立和完善市场退出机制 有效化解产能过剩 [J] . 宏观经济研究，2014（10）：8–21.

[136] 王利明 . 市场主体法律制度的改革与完善 [J]. 中国高校社会科学，2014（4）：130–143，160.

[137] 王小鲁，樊纲，余静文 . 中国分省份市场化指数报告（2016）[M]. 北京：社会科学文献出版社，2017.

[138] 王学庆，杨娟 . 三十年价格体制改革的历程、成就与经验 [J] . 中国物价，2008（9）：63–67.

[139] 王莹 . 从“放权让利”到“制度创新”：以改革开放以来广东国有企业改革为例 [J] . 红广角，2017（Z3）：40–46.

[140] 魏后凯 . 中国制造业集中于利润率的关系 [J] . 财经问题研究，2003（6）：21–27.

[141] 魏礼群 . 经济体制改革的重大进展和丰富经验 [N] . 人民日报，2008–10–15（7）.

[142] 吴敬琏 . 确立竞争政策基础性地位的关键一步 [N] . 人民日报，2016–06–22（10）.

[143] 吴彦艳，赵国杰，丁志卿 . 改革开放以来我国利用外资政策的回顾与展望 [J] . 经济体制改革，2008（6）：13–16.

[144] 习近平 . 决胜全面建成小康社会 夺取新时代中国特色社会主义伟

大胜利：在中国共产党第十九次全国代表大会上的报告［M］. 北京：人民出版社，2017.

［145］肖巍，钱箭星 . 全球化压力下的劳动力市场改革［J］. 学术月刊，2015，47（12）：65–73.

［146］新华社 . 习近平在中共中央政治局第三次集体学习时强调 深刻认识建设现代化经济体系重要性，推动我国经济发展焕发新活力迈上新台阶［N］. 人民日报，2018–02–01.

［147］徐超英，李连芬 . 我国土地制度变迁与改革方向［J］. 创新，2013，7（3）：54–59，127.

［148］徐明华，盛世豪，白小虎 . 中国的三元社会结构与城乡一体化发展［J］. 经济学家，2003（6）：20–25.

［149］徐长玉 . 中国劳动力市场化程度评估［J］. 江汉论坛，2008（5）：35–41.

［150］徐善长 . 从三方面增强微观主体活力［J］. 现代国企研究，2019（Z1）：30–31.

［151］许坚 . 完善土地产权制度与促进和谐社会建设：2012 年中国土地学会学术年会重要观点集粹［J］. 中国国土资源经济，2013，26（5）：34–37.

［152］许经勇 . 我国农民转移就业的思路选择［J］. 经济纵横，2008（3）：34–37.

［153］陈思 . 发展有效率的资本市场［J］. 金融信息参考，2001（3）：10.

［154］杨承训 . 中国特色社会主义市场经济及其特殊规律［J］. 毛泽东邓小平理论研究，2016（8）：19–25，92.

［155］杨娟 . 推动现代化价格监管体系建设［J］. 中国物价，2017（12）：12–13.

[156] 杨瑞龙 . 以混合经济为突破口推进国有企业改革 [J]. 改革，2014（5）：19–22.

[157] 杨伟国 . 中国劳动力市场发展的基本格局 [J]. 中国劳动关系学院学报，2007（3）：30–34.

[158] 杨英杰 . 激发各类市场主体活力 [EB/OL].（2017–12–29）[2020–09–15]. http：//theory.people.com.cn/n1/2017/1229/c40531–29735564.html.

[159] 叶辅靖，李大伟，杨长湧 . 推动形成全面开放新格局 [J]. 宏观经济管理，2018（3）：21–28.

[160] 易定红 . 中国劳动力市场：现状、制度安排与未来发展 [J]. 中国劳动，2016（2）：4–11.

[161] 佚名 .2017 年 1—12 月全国国有及国有控股企业经济运行情况 [EB/OL].（2018–01–23）[2021–04–01].http：//www.sasac.gov.cn/n2588035/n2588330/n2588370/c8515497/content.html.

[162] 于立，刘玉斌 . 中国市场经济体制的二维推论：竞争政策基础性与市场决定性 [J]. 改革，2017（1）：16–31.

[163] 于良春，张伟 . 中国行业性行政垄断的强度与效率损失研究 [J]. 经济研究，2010，45（3）：16–27，39.

[164] 俞亚丽，陈秀山 . 我国市场结构与企业市场行为分析 [J]. 中国人民大学学报，1997（4）：10–15，129.

[165] 臧跃茹，郭丽岩 . 新时代亟待加快建设与现代经济体系相适应的现代市场体系 [J]. 中国物价，2017（12）：3–5.

[166] 臧跃茹，刘泉红，曾铮 . 促进混合所有制经济发展研究 [J]. 宏观经济研究，2016（7）：21–28，113.

[167] 臧跃茹，刘泉红，曾铮 . 促进混合所有制经济发展研究 [M]. 北京：社会科学文献出版社，2018.

［168］张江雪．我国技术市场的发展现状、问题及对策分析［J］．科学管理研究，2010，28（4）：50-53，63.

［169］张军果，刘振华，张均良．当前我国市场体系中存在的问题、成因与对策［J］．现代管理科学，2006（7）：68-70.

［170］张亮．改革开放三十年以来中国私营企业发展综述及展望［J］．山东经济，2009，25（1）：60-67.

［171］张茅．推进商事制度改革的实践探索与思考［J］．中国工商管理研究，2015（6）：3-8.

［172］张茅．为经济繁荣发展营造良好的市场环境［J］．市场观察，2017（10）：8-11.

［173］张铭慎．完善一站式服务 优化营商环境［J］．宏观经济管理，2016（12）：65-68.

［174］张威．我国营商环境存在的问题及优化建议［J］．理论学刊，2017（5）：60-72.

［175］张维迎．市场首先不是资源配置机制而是认知机制［N］．社会科学报，2017-04-06（3）.

［176］张宇，张晨，蔡万焕．中国经济模式的政治经济学分析［J］．中国社会科学，2011（3）：69-84，221.

［177］张占斌．建设统一开放竞争有序的现代市场体系［J］．天津行政学院学报，2008（5）：65-70.

［178］张占仓．深化农村土地制度改革促进乡村振兴［J］. 中国国情国力，2018（5）：27-29.

［179］张卓元，房汉廷，程锦锥．市场决定的历史突破 中国市场发育与现代市场体系建设 40 年［M］．广州：广东经济出版社，2017.

［180］赵伟，徐朝晖．测度中国省域经济“二重”开放［J］. 中国软科学，

2005（8）：81–90.

［181］赵亚平，肖湘．我国国内统一市场理论研究的发展［J］．宏观经济研究，2001（1）：62–64.

［182］郑红亮．论市场在资源配置中的决定性作用［M］．广州：广东经济出版社，2016.

［183］中国金融 40 人论坛课题组，蔡洪滨，李波，等．土地制度改革与新型城镇化［J］．金融研究，2013（5）：114–125.

［184］中国社会科学院．人口与劳动绿皮书（2011）［M］．社会科学文献出版社，2011.

［185］中国社会科学院经济研究所．现代经济词典［M］．南京：江苏人民出版社，2005.

［186］中华人民共和国商务部.2018 年 1—12 月我对“一带一路”沿线国家投资合作情况［EB/OL］．（2019–01–22）［2020–09–02］.http：//www.mofcom.gov.cn/article/tongjiziliao/dgzz/201901/20190102829086.shtml.

［187］周立群，邓向荣．环渤海区域经济发展报告（2009）［M］．北京：社会科学文献出版社，2009.

［188］邹向群．总结价格改革 30 年经验 完善以市场为主的价格形成机制：纪念中国价格改革 30 周年［J］．中国价格监督检查，2008（10）：10–16.

［189］朱方林，朱大威．建国以来中国土地制度重大改革回顾与展望［J］．江苏农业学报，2015，31（1）：200–209.

［190］庄晓玖．中国金融市场化指数的构建［J］．金融研究，2007（11）：180–190.